Chester & Lucile Huyssen
Ich habe den Herrn gesehen

Chester & Lucile Huyssen

Ich habe den Herrn gesehen

Verlag C.M. Fliß
Lütt Kollau 17, 22453 Hamburg

Dieses Buch widmen wir
mit unserer ganzen Liebe
der Ehre unseres
Herrn Jesus Christus,
der diese Visionen
geschenkt hat.

Wir widmen dieses Buch auch
unserer Tochter, Shirley Swearingen,
ihrem Ehemann Gerald und deren Kindern
Gregory, Julie und Terry.

Titel der Originalausgabe: I saw the Lord
Übersetzung: Claudia Gliemann
Umschlag: image design
Satz: Convertex, Aachen
Druck: Printed in Germany
2. Auflage 2000
© by Chester & Lucile Huyssen
© der deutschsprachigen Ausgabe
   by Verlag C. M. Fliß, Lütt Kollau 17,
   22453 Hamburg

ISBN 3-931188-07-8

Wir informieren Sie gerne über unser Gesamtprogramm.
Postkarte genügt:
Verlag C. M. Fliß, Postfach 610470, 22424 Hamburg

Inhalt

Einleitung

In der Apostelgeschichte wird berichtet, daß die Verkündigung und Verteidigung des Evangeliums durch Paulus auf enormen Widerstand stieß. In Kapitel 23, Vers 11 heißt es, daß der Herr eines Nachts *zu* Paulus *trat* und sagte:»Hab' Mut! Denn so wie du in Jersualem meine Sache bezeugt hast, so sollt du auch in Rom Zeugnis ablegen.«

Der auferstandene Christus hatte sich also zur Ermutigung und Wegweisung seinem Diener gezeigt, der sich gerade in einer äußerst gefährlichen Situation befunden hatte.

In Kapitel 23 lesen wir, daß beim Statthalter viele Anschuldigungen gegen Paulus vorgebracht worden waren. In seiner Verteidigungsrede reduzierte Paulus jedoch alle Anschuldigungen auf eine einzige:»Wegen der Auferstehung der Toten stehe ich heute vor eurem Gericht.« Überall, wohin Paulus kam, verkündigte er die Auferstehung des gekreuzigten Herrn Jesus Christus.

Der Kirche in Korinth schrieb er:

> »Denn vor allem habe ich euch überliefert, was auch ich empfangen habe: Christus ist für unsere Sünde gestorben, gemäß der Schrift, und ist begraben worden. Er ist am dritten Tag auferweckt worden, gemäß der Schrift, und erschien dem Kephas, dann den Zwölf. Danach erschien er mehr als fünfhundert Brüdern zugleich; die meisten von ihnen sind noch am Leben, einige sind entschlafen. Danach erschien er dem Jakobus, dann allen Aposteln. Als letztem von

allen erschien er auch mir, dem Unerwarteten, der Mißgeburt.« *(1. Korinther 15,3-8)*

In seinem Brief an die Gemeinde in Korinth zählte Paulus auf, wem der auferstandene Christus bereits erschienen war. Dies bestätigte nicht nur die Wirklichkeit der Auferstehung, sondern auch den noch immer anhaltenden Dienst unserer Herrn an seinem Volk.

Der Apostel Johannes hatte eine Vision auf der Insel Patmos; wir finden Zeugnisse von seinem Erscheinen bei John Bunyan, F. B. Meyer, John Wesley, Charles Finney, Sundar Singh, General William Booth und vielen anderen. Und wir finden Zeugnisse von der Erscheinung des Herrn im Leben vieler weniger bekannter Menschen.

Und all dies deutet darauf hin, daß sich Jesus den Menschen nicht nur in der Vergangenheit gezeigt hat, sondern daß dies auch noch heute der Fall ist. Beim Lesen der Augenzeugenberichte in diesem Buch fällt auf, daß der Herr sich diesen Menschen immer dann gezeigt hat, wenn sie in Not waren – wenn es ihnen schlecht ging. Diese Visionen machten Mut, waren liebevoll, trösteten, führten, bestätigten, korrigierten oder ermahnten.

Maria Magdalena rannte vom leeren Grab mit der Nachricht zu den Jüngern: »Ich habe den Herrn gesehn!« Der Herr war wirklich auferstanden. Die Schrift war erfüllt worden. Wir dienen jetzt einem auferstandenen und lebendigen Christus.

Im Matthäusevangelium lesen wir die letzten Worte Jesu an seine Nachfolger: »Seid gewiß: Ich bin bei euch alle Tage bis zum Ende der Welt.«

Mögen die Zeugnisse in diesem Buch ein Segen für Sie sein. Möge Gottes Wort in Ihrem Herzen lebendig werden und Ihr Glaube aufblühen.

Kent W. Nylander
Pastor, Grace Lutheran Church
The American Association of Lutheran Churches
Bensenville, Illinois

Kapitel 1

Der lebendige Christus

Johannes auf der Insel Patmos

Der Apostel Johannes hatte während Jesu Dienst auf
Erden zu Jesu Füßen gesessen. Aber selbst diese Nähe
hatte Johannes nicht auf den Anblick des lebendigen
Christus vorbereitet, der sich ihm bot, nachdem Jesus
in den Himmel aufgefahren war.

Am Tag des Herrn wurde ich vom Geist ergriffen und hörte
hinter mir eine Stimme, laut wie eine Posaune. Sie sprach:
Schreib das, was du siehst, in ein Buch, und schick es an die
sieben Gemeinden: nach Ephesus, nach Smyrna, nach Perga-
mon, nach Thyatira, nach Sardes, nach Philadelphia und nach
Laodicea.

Da wandte ich mich um, weil ich sehen wollte, wer zu mir
sprach. Als ich mich umwandte, sah ich sieben goldene Leuchter
und mitten unter den Leuchtern einen, der *wie ein Mensch*
aussah; er war bekleidet mit einem Gewand, das bis auf die Füße
reichte, und um die Brust trug er einen Gürtel aus Gold.

Sein Haupt und seine Haare waren weiß wie weiße Wolle,
leuchtend weiß wie Schnee, und seine Augen wie Feuerflammen; seine Beine glänzten wie Golderz, das im Schmelzofen
glüht, und seine Stimme war wie das Rauschen von Wassermas-
sen.

In seiner Rechten hielt er sieben Sterne, und aus seinem
Mund kam ein scharfes, zweischneidiges Schwert, und sein
Gesicht leuchtete wie die machtvoll strahlende Sonne.

Als ich ihn sah, fiel ich wie tot vor seinen Füßen nieder. Er aber legte seine rechte Hand auf mich und sagte: Fürchte dich nicht! Ich bin der Erste und der Letzte und der Lebendige. Ich war tot, doch nun lebe ich in alle Ewigkeit, und ich habe die Schlüssel zum Tod und zur Unterwelt.

Schreib auf, was du gesehen hast: was ist und was danach geschehen wird *(Offenbarung 1,1-19; Einheitsübersetzung)*.

Seine ausgebreiteten Arme
Lydia Prince

Lydia Prince war eine bemerkenswerte Dänin. Als wohlhabende junge Lehrerin hatte ihr vorrangiges Interesse stets intellektuellen Belangen, dem Tanz und neuen Kleidern gegolten. Als Gottes Ruf sie jedoch erreichte, folgte sie diesem und entdeckte immer mehr die Wirklichkeit Gottes. Sie arbeitete viele Jahre lang als Missionarin in Jerusalem, wo sie Waisenkinder bei sich aufnahm. »Ich las das Johannesevangelium«, sagte sie einmal, »wie einen Liebesbrief.«

Ich sah zur Uhr über dem Klavier. Es war schon fast vier Uhr nachmittags! Mehr als drei Stunden waren vergangen, seit ich mit meiner Lektüre des Matthäusevangeliums begonnen hatte. Draußen dunkelte es schon, und so machte ich das Licht an und zog die schweren Brokatvorhänge zu. Ich wollte mich mit meinen Gedanken einschließen, ging auf und ab und dachte über die Worte nach, die ich gerade gelesen hatte. *Bittet ... suchet ... klopfet an ...* Sicherlich hatte ich gesucht – viele Monate lang. Aber hatte ich jemals gebeten? Wen sollte ich bitten? Sprach Christus hier von Gebet?

Als Kind mußte ich vor dem Schlafengehen immer das Vaterunser sprechen. Im Alter von zwölf Jahren war es mir dann zur monotonen Routine geworden. Ich kann mich noch daran erinnern, daß ich sogar eines Nachts das Vaterunser gleich zehnmal hintereinander gebetet hatte, damit ich es die folgenden neun Nächte nicht mehr sagen mußte. In der Kirche betete ich die Gemeindegebete mit. Der Gedanke, ganz alleine, individuell und direkt zu Gott zu beten – Worte zu beten, die in keinem Gebetbuch standen –, erschien mir fremd und unheimlich. Und dennoch gingen mir jene Worte Jesu nicht aus dem Sinn: »Bittet, so wird euch gegeben ...« Wenn Christus von mir verlangte, ihn zu bitten, dann konnte ich nicht erwarten, daß er mir etwas gab, ohne daß ich ihn darum gebeten hatte.

Ich blieb vor dem Sessel, in dem ich zuvor gesessen hatte, stehen. Sollte ich niederknien? Ich zögerte einen Moment. Dann kniete ich nieder, beugte meinen Oberkörper etwas nach vorne und legte meine Ellbogen auf das weiche Polster des Sessels. Im Geist begann ich zu beten, *Oh Gott ...* Aber irgendwie klang das falsch.

Mußte man denn laut beten? Der Klang meiner Stimme erschreckte mich. »Oh, Gott ...« sagte ich nun etwas lauter. Meine Stimme klang in dem leeren Raum fremd und unnatürlich. Aber ich versuchte es ein zweites Mal. »Oh, Gott ...« Dann ein drittes Mal. »Oh, Gott ... Ich verstehe es nicht. Ich verstehe es nicht. Wer ist Gott, wer ist Jesus, und wer ist der Heilige Geist? Aber wenn du mir zeigst, daß Jesus wirklich lebt, werde ich ihm nachfolgen!«

Und dann geschah etwas in diesem mir so vertrauten Raum, in dem ich noch das Ticken der Uhr hörte, worauf ich mit

meinem Erfahrungshintergrund und meiner Erziehung überhaupt nicht vorbereitet war. Mein Verstand weigerte sich gegen
das, was meine Augen sahen. Ich kniete noch immer vor dem
Sessel, aber an der Stelle der Lehne stand dort jetzt jemand. Ein
langes weißes Gewand bedeckte die Füße dieser Person. Langsam hob ich meine Augen, und ich sah zwei ausgebreitete,
segnende Arme. Ich blickte weiter hinauf, und dann sah ich das
Gesicht des einen über mir. Mein Körper begann zu zittern. Ein
Wort drängte sich mir auf die Lippen: »Jesus!« Und dann war
er verschwunden.

Jetzt erkannte ich wieder die Lehne des Sessels vor mir. In
dem grünen Velours konnte man noch die Vertiefungen sehen,
die meine Ellbogen dort hinterlassen hatten. Hatte noch vor einer
Sekunde wirklich jemand vor mir gestanden? Oder war ich
lediglich das Opfer einer kurzen, unglaublichen Halluzination?

Ich blickte auf und sah mich in dem Zimmer um. Äußerlich
hatte sich nichts verändert. Aber dennoch befand sich nun etwas
in diesem Raum, das noch vor einer Minute nicht dagewesen
war. Es erinnerte mich an damals, als ich das Zimmer betreten
hatte, in dem mein toter Vater aufgebahrt war. Dieselbe Gegenwart, die ich damals gespürt hatte, umgab mich auch jetzt. Der
ganze Raum war erfüllt davon. Und diese Gegenwart war nicht
nur um mich herum, sie war auch in mir – ein tiefer, ruhiger und
wohltuender Friede.

Plötzlich erkannte ich: Gott hatte mein Gebet wirklich erhört!
Er hatte genau das getan, worum ich ihn gebeten hatte. Er hatte
mir Jesus gezeigt. Ich hatte sein weißes Kleid und seine ausge-
streckten Arme gesehen. Einen unvergeßlichen Moment lang
hatte ich in sein Gesicht gesehen. Jetzt wußte ich: *Christus lebt
– heute und in alle Ewigkeit!* Es war wundervoll! Alles Wissen
und alle Weisheit dieser Erde war auf einmal so nichtig, verglichen mit dieser Erkenntnis.

Plötzlich fiel es mir nicht mehr schwer zu beten. Ich mußte
ihm danken. »Oh, Danke!« schrie ich. »Danke!« Mehr brachte
ich jedoch nicht heraus.

Wogende Wellen des Friedens legten sich sanft um meine Seele. Ich stand auf und begann, hin und her zu gehen. Immer wieder überwältigte mich die Erkenntnis dessen, was gerade passiert war. »Danke!« rief ich immer und immer wieder.

Ich setzte mich ans Klavier und suchte nach einer Möglichkeit, meinen Gefühlen freien Lauf zu lassen. Ich erinnerte mich an ein Lied, bei dem mir an Weihnachten Tränen in die Augen gestiegen waren. Ich spielte die Melodie auf dem Klavier. Dann fing ich an, dazu zu singen:

> Grüßen will ich Dich, meinen Erretter.
> Du trittst für mich ein.
> Eine Dornenkrone hielt die Welt für Dich bereit,
> aber Du, Herr, weißt, daß ich Rosen binden
> möchte um dein Kreuz.
> Herr, gib' Du mir Mut dazu.

Immer und immer wieder sang ich dieses Lied. Und je öfter ich es wiederholte, desto klarer und voller wurde meine Stimme. Diese Worte verhießen Frieden.

Ich hatte Raum und Zeit vergessen. Mal kniete ich vor dem Sessel und betete, mal saß ich am Klavier und sang. Als ich schließlich auf die Uhr sah, war es zehn Uhr abends. Sechs Stunden waren vergangen, doch mir kam es vor, als seien es lediglich ein paar Minuten gewesen.

Schließlich zog ich mich aus und löschte das Licht. Im Bett wiederholte ich noch immer die Worte: »Oh Gott, ich danke dir! Ich danke dir!«

Am nächsten Morgen las ich das Matthäusevangelium dort weiter, wo ich am Nachmittag zuvor aufgehört hatte. Ich befand mich jetzt nicht mehr auf einem dunklen und beschwerlichen Weg durch das Dickicht. Ich wanderte jetzt auf offener Straße, im vollen, klaren Sonnenlicht. Ich spürte, daß ich die Szenen, die ich nun las, hautnah miterlebte. Sie alle waren erfüllt von

Jesus selbst – keiner lediglich historischen Figur, sondern der lebendigen, allgegenwärtigen Wirklichkeit Jesu CHRISTI.

>»Wer meine Gebote hat und sie hält, der ist es, der mich liebt; wer mich aber liebt, wird von meinem Vater geliebt werden, und auch ich werde ihn lieben und mich ihm offenbaren.«
>
> *(Johannes 14,21)*

Wohin du auch gehst
Marynell Kirkwood

Marynell Kirkwood nahm Jesus Christus als ihren Erretter in der Little Gray Church in River Grove, Illinois, an – einer Kirche, deren Fußboden lediglich aus Sägemehl bestand. 1964 erreichte sie und ihre Familie der Ruf nach Indien, wo sie dann im Himalaja Englisch, Journalismus und das Alte und das Neue Testament unterrichtete. Sie war eine hilfreiche Seelsorgerin, Problemlöserin und Gebetskämpferin für Muslime, Hindus und nominelle Christen.

In die Mission ging ich von Moline, Illinois, aus. Ich wollte es eigentlich gar nicht, aber in unserer Familie war mein Mann der Boss, und er traf die Entscheidungen. Der Rest der Familie wurde gar nicht gefragt. Schließlich sagte ich also, wie Rut damals: »Wohin du gehst, gehe auch ich – aber ich werde um mich schlagen und schreien.«

Ich denke, daß dies auch der Grund dafür war, daß ich dann im Missionstrainingscamp in Stony Point, New York, plötzlich eine Gürtelrose bekam. Ich hatte eine klassische Gürtelrose. Ich weiß nicht, ob Sie so etwas schon einmal hatten, aber es war das Schlimmste und Schmerzhafteste, das ich je erlebt habe. Alle meine Nervenenden brannten wie Feuer, und mein ganzer Körper war heiß.

Eines Tages war ich dann so wütend, daß ich sagte: »O.k., heute bleibe ich im Bett.«

Mir wurde gesagt: »Aber du darfst den Unterricht nicht versäumen. Wir werden den Lautsprecher anstellen, und dann kannst du von hier aus zuhören.«

Ich antwortete: »Wenn ihr das tut, werde ich den Lautsprecher aus der Wand reißen. Ich habe genug davon. Ich kann es nicht mehr hören.« Ich legte mich ins Bett und sprach zu Gott auf meine ganz ureigene Art, erzählte ihm von meiner Wut und schloß dann: »Oh Herr, du weißt, wie schlecht ich mich fühle. Ich sage es dir jetzt: Ich werde keine Frau sein! Ich werde keine Mutter sein! Und ich werde ganz bestimmt keine Missionsschülerin sein! Ich bleibe hier liegen, bis ich verrotte. Wenn Du willst, daß ich dieses Bett wieder verlasse, dann mußt Du dich schon selbst darum kümmern.« Ich habe, glaube ich, nicht einmal Amen gesagt. Ich kann mich nur noch daran erinnern, daß ich eingeschlafen bin und tief und fest geschlafen habe.

Als ich dann aufwachte, kam es mir vor, als liefen elektrische Ströme durch meinen Körper, und als ich meine Augen öffnete, stand am Fußende meines Bettes eine Figur in Weiß. Ich dachte, *Marynell, wie hast du nur mit Gott geredet?* Dann sagte ich zu mir selbst: *O.k., du Feigling. Schließ deine Augen jetzt ganz fest, dann wird Er ganz bestimmt wieder weggehen.*

Nach einiger Zeit öffnete ich dann wieder meine Augen, und es stimmte, er stand nicht mehr am Fußende meines Bettes. Ich sagte: »Ich muß aufstehen und es den anderen erzählen.« Nur wenige Minuten zuvor hatte ich noch davon geredet, in meinem Bett verrotten zu wollen, und jetzt, jetzt wollte ich unbedingt jemandem erzählen, was ich erlebt hatte. Ich stand auf und wollte mich anziehen. Da bemerkte ich auf einmal, daß ich keine Schmerzen mehr hatte! Ich berührte mich überall an meinem Körper. Ich konnte es nicht glauben! Ich sah auf die Uhr ... vierzig Minuten waren vergangen. Ich hatte eine Stunde verpaßt. Ich sagte:»O.k., Herr, wie ich sehe, ist es Dir wirklich ernst damit. Es ist nicht die Entscheidung, meines Mannes, es ist deine Entscheidung, und Du möchtest, daß ich mitgehe. Danke, daß Du für mich da bist. Danke, daß Du mir dieses Erlebnis geschenkt hast.«

Bis zu diesem Moment hatte ich gar nichts begriffen. Ich sang zwar ab und zu Lieder wie »Jesus liebt mich ganz gewiß« und »Er lebt, er lebt, ich weiß daß mein Erlöser lebt«, aber ich hatte nie wirklich gewußt, daß er mich liebt. Ich wußte nicht, daß er mich wirklich liebte, und auch heute noch genau dieselben Dinge tut wie in der Bibel.

Das war etwas völlig Neues für mich, und obwohl ich die Wahrheiten der Bibel kannte und diese auch jahrelang gelehrt hatte, hatte ich diese jedoch nicht verinnerlicht, hatten diese mein Leben und mich als Person nicht verändert. Von diesem Moment an wußte ich, daß Gott wirklich auf meiner Seite stand, mich wirklich liebt und für mich da ist. Von diesem Moment an glaubte ich wirklich ...

»Du aber, mein Sohn Salomo, erkenne den Gott deines Vaters; diene ihm mit ungeteiltem Herzen und williger Seele; denn der Herr erforscht alle Herzen und kennt jedes Sinnen der Gedanken. Wenn du ihn suchst, läßt er sich von dir finden. Wenn du ihn aber verläßt, verwirft er dich auf ewig.«

(1. Chronik 28,9)

Auf dem Schlachtfeld
James Check

James Check beschreibt ein Erlebnis während des
Ersten Weltkriegs.

Ich erinnere mich noch ganz genau daran, wie mich George
Casey damals mit seinen blauen, verklärten Augen angeblickt
hatte und mich fragte, ob ich den *Freund der Verwundeten* schon
gesehen hätte.

Und er erzählte mir alles, was er wußte. Nach den verschiedensten Gefechten hatte man jedesmal einen Mann in Weiß
gesehen, der sich über die Verwundeten beugte. Scharfschützen
hatten Schüsse auf ihn abgefeuert. Granaten waren auf ihn
geworfen worden. Aber es gab nichts, womit man dieser Person
hätte beikommen können. Diese mysteriöse Gestalt, von den
Franzosen nur »der weiße Kamerad« genannt, schien überall
gleichzeitig zu sein. In Nancy, in der Argonne, in Soissons und
Ypres, überall sprachen Männer von ihm mit gedämpfter Stimme.

Ich, der ich oft etwas vorlaut war, sagte: »Das glaube ich erst,
wenn ich es sehe!«

Am nächsten Tag kämpften wir von Sonnenaufgang bis
Sonnenuntergang, und am darauffolgenden Tag war es nicht
anders. Als wir etwa 150 Meter vorwärts gekommen waren,
erkannten wir, daß wir unsere Lage nur verschlechtert hatten.
Unser Hauptmann befahl uns, in Deckung zu gehen, und genau
in dem Moment wurde ich in beide Beine getroffen.

Durch Gottes Gnade fiel ich in einen Graben. Ich glaube, daß ich auch ohnmächtig geworden bin, denn, als ich meine Augen wieder öffnete, war ich alleine. Ich hatte schreckliche Schmerzen. Aber ich wollte mich nicht bewegen, damit mich die Deutschen nicht sahen. Sie waren nur 50 Meter entfernt, und ich erwartete von ihnen kein Mitleid. Ich war froh, als die Dämmerung langsam einsetzte. In meiner Kompanie gab es ein paar Männer, die in der Dunkelheit jedes Risiko eingehen würden, wenn sie wußten, daß ein Kamerad von ihnen da draußen war und noch lebte.

Die Nacht brach herein, und plötzlich hörte ich Schritte – jedoch keine schleichenden, wie ich es erwartet hatte, sondern ruhige und bestimmte, so als könne weder Dunkelheit noch Tod diese Schritte aus der Ruhe bringen. Ich ahnte so wenig, was nun kommen sollte, daß ich beim Anblick des hellen weißen Scheins, der in der Dunkelheit auf mich zukam, annahm, daß es sich um einen Bauern in einem weißen Umhang oder vielleicht eine Frau handelte, die etwas Weißes anhatte. Doch plötzlich wurde mir klar, daß es der »weiße Kamerad« sein mußte.

Und schon setzten die Schüsse der Deutschen ein. Schüsse, die ihr Ziel normalerweise hätten mühelos treffen müssen, da der Mann mit weit ausgebreiteten Armen und flehender Geste aufrecht vor mir stand. Und er sprach zu mir. Was er sagte, klang ungewohnt, und ich kann mich nur noch an die ersten paar Worte erinnern – »Wenn du gewußt hättest« – und die letzten Worte – »aber jetzt sind sie vor deinen Augen verborgen.« Dann beugte er sich zu mir herunter, nahm mich in seine Arme – mich, den Größten und Schwersten des ganzen Regiments – und trug mich mit solcher Leichtigkeit davon, als wäre ich ein Kind.

Dann muß ich wieder ohnmächtig geworden sein, denn als ich wieder erwachte, befand ich mich in einer kleinen Höhle in der Nähe eines Baches, und der »weiße Kamerad« wusch meine Wunden und verband diese. Es mag sich vielleicht dumm anhören, aber damals – trotz all der Schmerzen, die ich hatte – fühlte ich mich so glücklich wie noch nie in meinem ganzen Leben.

Ich weiß nicht, weshalb, aber irgendwie scheint es mir, als hätte ich die ganze Zeit unbewußt auf dieses Erlebnis gewartet. Als mich diese Hand berührte und ich das Mitgefühl in diesen Augen sah, machte ich mir keine Gedanken mehr über Leben und Tod.

Dann erkannte ich eine Wunde in seiner Hand, und als er betete, fiel ein Tropfen Blut zu Boden. Ich schrie auf. In diesem schrecklichen Krieg hatte ich schon viele Wunden gesehen, aber irgendwie erschien es mir, als sei diese eine schlimmer als alle anderen.

»Du bist auch verwundet«, sagte ich schwach. Ich weiß nicht, ob er meine Worte verstanden oder meinen fragenden Blick gesehen hatte, aber auf jeden Fall antwortete er mir leise. »Das ist eine alte Wunde, aber in letzter Zeit macht sie mir wieder Schwierigkeiten.« Und dann erkannte ich voller Traurigkeit, daß seine Füße dieselbe grausame Wunde aufwiesen. Sie fragen sich jetzt bestimmt, weshalb ich ihn nicht früher erkannt hatte. Das frage ich mich auch. Aber ich habe ihn erst erkannt, nachdem ich seine Füße gesehen hatte.

Der lebendige Christus! Davon hatte der Kaplan vor ein paar Wochen gesprochen. Jetzt wußte ich, daß er zu mir gekommen war – zu mir, der ich ihn in der Hitze meiner Jugend aus meinem Leben verbannt hatte. Ich wollte mit ihm reden, ihm danken, aber mir fehlten die Worte. Dann stand er schnell auf und sagte: »Bleib' heute noch hier am Wasser liegen. Ich werde morgen wieder zu dir kommen. Ich habe Arbeit für dich, und du wirst diese Arbeit für mich tun.«

Dann war er verschwunden. Und während ich so auf ihn wartete, wurden meine Schmerzen wieder schlimmer. Aber ich habe sein Versprechen. Er wird morgen zu mir kommen.

»Aus der Ferne ist ihm der Herr erschienen: Mit ewiger Liebe habe ich dich geliebt, darum habe ich dir so lange die Treue bewahrt.«

(Jeremia 31,3)

»Muß ich auch wandern in finsterer Schlucht, ich fürchte kein Unheil; denn du bist bei mir, dein Stock und dein Stab geben mir Zuversicht.«

(Psalm 23,4)

Die Offenbarung
Sadhu Sundar Singh

Sundar Singh (1889-1929) ist der Heilige des vorigen Jahrhunderts, von dem oft behauptet wird, daß er am ehesten ein Leben wie Jesus selbst geführt hat. Wohlstand, Ruhm und Familie hatte er aufgegeben – für Jesus. Er war beliebt bei Christen und verfolgt in seinem eigenen Land. In vielen Ländern der Erde war er ein gerngesehener Gast.

Als ich das Evangelium damals verbrannte, war ich der festen Überzeugung, daß ich eine gute Tat getan hatte, auch wenn danach die Unruhe in meinem Herzen noch größer wurde und ich mich nach zwei Tagen ganz erbärmlich fühlte.

Am dritten Tag, als ich es schließlich nicht länger aushalten konnte, stand ich um drei Uhr früh auf, badete und betete, daß, wenn es überhaupt einen Gott gebe, er sich mir selbst zeigen und mir den Weg des Heils weisen solle, damit meine Seele endlich Ruhe fände. Ich beschloß, daß, sollte dieses Gebet nicht erhört werden, ich noch vor Tagesanbruch zu den Eisenbahnschienen hinuntergehen und mich vor einen Zug werfen würde.

Bis halb fünf blieb ich wach, betete und wartete auf Krishna oder Buddha oder irgendeine andere göttliche Verkörperung des Hinduismus. Aber sie kamen nicht, statt dessen fiel Licht ins Zimmer. Ich öffnete die Tür, um zu sehen, woher das Licht kam, aber draußen war alles dunkel. Ich ging wieder zurück, und das Licht wurde stärker, nahm die Form einer Kugel an und schwebte über dem Boden. In diesem Licht erschien dann eine Gestalt, die ich nicht erwartet hatte – der lebendige Christus, den ich für tot gehalten hatte.

In meinem ganzen Leben werde ich dieses herrliche und liebende Gesicht nicht vergessen, und auch nicht die Worte, die er zu mir gesprochen hatte: *Warum verfolgst du mich? Siehe, für dich und die ganze Welt bin ich am Kreuz gestorben.*

Diese Worte brannten sich in mein Herz ein, und ich fiel vor ihm zu Boden. Mein Herz war erfüllt von unaussprechlicher Freude und Frieden.

Es war ein Erlebnis, das mein ganzes Leben veränderte.

»Noch während er redete, warf eine leuchtende Wolke ihren Schatten auf sie, und aus der Wolke rief eine Stimme: Das ist mein geliebter Sohn, an dem ich Gefallen gefunden habe; auf ihn sollt ihr hören.«

(Matthäus 17,5)

»Jesus sagte zu ihm: Ich bin der Weg und die Wahrheit und das Leben; niemand kommt zum Vater außer durch mich.«

(Johannes 14,6)

Das große Licht
Treena Kerr

Treena Kerr, Schauspielerin und Frau Graham Kerrs, des »Galoppierenden Fernsehgourmets«, erzählt von ihrer großartigen Bekehrung und wie sich ihr Jesus in einer kleinen Kirche in Maryland zeigte.

Am siebzehnten Dezember 1974 fand ich Jesus, als ich meine Freundin Ruth Turner zu einem Gottesdienst begleitete. Gott selbst hatte mich in diese Kirche geführt.

Die Kirche befand sich, ob Sie es glauben oder nicht, in einem kleinen Ort names Bethlehem in der Nähe von Preston, Maryland. Es war eine Kirche, die nur von Schwarzen besucht wurde. Tessa, meine Tocher, Michele, unsere Sekretärin, und ich waren die einzigen Weißen an jenem fröhlichen und lieblichen Ort. Es war das erste Mal seit achtzehn Jahren, daß ich wieder eine Kirche betreten hatte. Bis vor zwei Tagen hatte ich nicht mehr in der Bibel gelesen, geschweige denn an die Existenz Jesu geglaubt.

Während die versammelte Gemeinde für mich betete, schnürte sich mir die Kehle zu, und mir wurde ganz flau im Magen. Ich schrie. Dann fiel ich auf die Knie und weinte; keine Tränen, sondern richtige Wasserfälle bildeten sich ihren Weg über meine Wangen, und ich sagte: »Vergib mir, Jesus. Vergib mir, Jesus. Es tut mir leid, Jesus.« Ich war so traurig und hatte ein ganz schlechtes Gewissen. Niemand schien zu bemerken, was passiert war, bis auf meine Tochter. Ich erlebte eine regelrechte Befreiung, aber in dem Moment habe ich das natürlich noch nicht so gesehen.

Als die Gemeinde schließlich aufhörte, für mich zu beten, bemerkte ich, daß ich mittlerweile völlig naß war. Später wurde ich dann gefragt, ob ich um den Heiligen Geist bitten wollte. Ich sagte ja, da ich nun schon einmal hier war.

Ich fragte Ruthie, was ich tun sollte. Sie antwortete: »Danke Jesus«, und so kniete ich nieder und sagte immer wieder: »Danke, Jesus«, ohne zu wissen, was ich sonst tun sollte.

Schließlich wurde mir heiß, und ich kam mir so lächerlich vor, daß ich meinte, jeden Moment in ein Irrenhaus eingeliefert werden zu müssen. Während ich also dachte – *Das ist verrückt! Was tust du hier?* – fiel ein großes Licht auf mein Gesicht. *Huh! (sprach der Argwohn der Schauspielerin in mir.) Jetzt haben sie das Licht angemacht, damit ich das sehe, was sie mich sehen machen wollen.*

Dann öffnete ich die Augen, und vor mir stand dieser Mann, ganz in Weiß, mit dem wundervollsten Lächeln, das ich je gesehen habe – einem Lächeln, das alle Liebe dieser Welt vereinte und das nur mir galt. Er sprach zu mir und legte seine Hand auf mein Herz. Unglücklicherweise kann ich mich nicht mehr erinnern, was er genau sagte, und ich möchte hier keine Worte zu Papier bringen, die nicht stimmen; aber sinngemäß sagte er so ungefähr: »Warte. Du hast empfangen, aber die Zeit ist noch nicht reif.«

Reif war die Zeit dann zwei Monate später, als ich ganz alleine in der Küche war.

Ich pries meinen geliebten Herrn, daß er mich erwählt, gewollt und errettet hatte – denn, genauso wie damals Thomas, hätte ich nie an ihn geglaubt, wenn ich ihn nicht mit meinen eigenen Augen gesehen hätte. Ich war berührt und vollkommen verändert.

»Durch den Glauben wohne Christus in eurem Herzen. In der Liebe verwurzelt und auf sie gegründet, sollt ihr zusammen mit allen Heiligen dazu fähig sein, die Länge und Breite, die Höhe und Tiefe zu ermessen und die Liebe Christi zu verstehen, die alle Erkenntnis übersteigt. So werdet ihr mehr und mehr von der ganzen Fülle Gottes erfüllt.«

(Epheser 3,17-19)

Jake bittet den Mann herein
Reverend J.S. Barnett

Diese bemerkenswerte Geschichte ereignete sich um die Jahrhundertwende.

Es war Nacht, und ich hatte mich hoch oben in den Smoky Mountains in Tennessee verirrt. Ich war schon halb erfroren und bewußtlos, aber mein Pferd lief weiter und weiter, bis es schließlich an einem Haus ankam. Als ich dann irgendwann aufwachte, hörte ich ein Feuer zu meinen Füßen knistern, und als ich schließlich aufsah, erkannte ich einen bärtigen Mann, der sich über mich beugte und laut fluchte, weil er mir eine Flüssigkeit einflößen wollte, ich den Mund jedoch nicht öffnete. In jenem Moment der Verwirrung dachte ich, daß ich tot und zum falschen Ort gekommen sei.

Als ich dann jedoch wieder völlig bei Bewußtsein war, erkannte ich, daß jener Mann, der sich über mich gebeugt hatte, ein berühmt-berüchtigter Gesetzloser war, der vor Zeiten einmal geschworen hatte, jedem Geistlichen Gewalt anzutun, der es wagte, sein Haus zu betreten. Ich wußte nicht, was ich davon halten sollte.

Niemand hätte mich besser behandeln können. Mein Retter und dessen Frau taten für mich, was sie nur konnten. An jenem Abend legte er mich in sein eigenes Bett und wich die ganze Nacht nicht von meiner Seite. Am nächsten Morgen ging es mir zwar noch nicht sehr viel besser, aber die Sonne schien und der Schnee schmolz, so daß ich mich wieder auf den Heimweg machen konnte. Doch plötzlich sagte etwas in mir: *Du hast eine Chance, die kein anderer Prediger vor dir hatte. Du mußt versuchen, Jake Woods zu retten.*

Wie sollte ich es anfangen? Während ich meine Satteltaschen packte, saß Jake vor dem großen Kamin. Ich ging zu ihm hinüber, zog einen Geldschein aus meiner Tasche und sagte: »Mr. Woods, ich möchte Ihnen und Ihrer guten Frau gerne etwas für Ihre Freundlichkeit geben. Sie waren so gut zu mir. Es ist zwar nicht viel, was ich Ihnen geben kann, aber selbst wenn ich reich wäre, könnte ich das, was Sie an mir getan haben, nicht wieder gutmachen.«

»Stecken Sie Ihr Geld wieder ein, Doc«, sagte er. »Wir wollten Ihnen helfen, das ist alles. Wären Sie letzte Nacht als Prediger zu mir gekommen, hätte ich Sie ohne mit der Wimper zu zucken in den Sturm zurückgeschickt und wäre froh gewesen, wenn Sie über Nacht erfroren wären.« Ich setzte mich und hörte ihm erstaunt zu, als er fortfuhr.

»Vor ungefähr zwanzig Jahren, als der Allmächtige meinen Sohn, unser einziges Kind, zu sich genommen hat, habe ich geschworen, daß keiner seiner Vertreter hier auf Erden je wieder einen Fuß in mein Haus setzen würde, und diesen Schwur habe ich gehalten, bis letzte Nacht; aber als Ihr Pferd Sie dann vor unser Haus brachte, konnte ich Sie nicht wieder wegschicken. Jetzt können Sie gehen und der ganzen Welt erzählen, daß Sie bei Jake Woods in seinem Haus übernachtet haben.«

Diesen letzten Satz zischte er zwischen seinen zusammenge-
bissenen Zähne hervor. Ich hatte noch nie jemanden so grimmig
dreinblicken sehen. Ich hatte mein Möglichstes getan und hatte
versagt. Also nahm ich meine Satteltaschen vom Bett und ging
in Richtung Tür.

Doch da hörte ich wieder diese Stimme, die mir unmißver-
ständlich sagte: *Du mußt es noch einmal versuchen.*

Also ging ich auf und ab und suchte verzweifelt nach einem
Ausweg, doch ich fand keinen. Ich war sicher, daß er meine
Gedanken erahnte, aber er bewegte sich nicht. Schließlich ging
ich auf ihn zu, und mit einem Zittern in der Stimme sagte ich:
»Mr. Woods, bevor ich gehe, würde ich Ihnen gerne noch etwas
aus einem Buch vorlesen und mit einem Freund von mir reden.
Würden Sie mir das erlauben?«

Er wandte sich zu seiner Frau, die in einer Ecke des Raumes
saß, und sagte: »O.k.« Ich fing also an, den beiden jenes wundervolle Kapitel des Lukasevangeliums vorzulesen, das von
dem Schaf handelt, das sich verlaufen hatte, dann jedoch von
seinem Hirten wieder gefunden wurde.

Dann las ich die Geschichte vom Verlorenen Sohn. Als dieser
zu seinem Vater nach Hause zurückkehrte, völlig zerrissen,
innerlich wie äußerlich, und der Vater sich so über die Rückkehr
des Sohnes freute, daß er für diesen ein großes Fest feiern ließ
und es von allem nur das Beste gab.

Nun sah ich aus meinen Augenwinkeln heraus, daß Jake
Woods sich umgedreht hatte und mich mit erstauntem Blick
ansah, so als wolle er mir sagen: »Reden Sie hier vielleicht von
mir?« Und das tat ich wirklich, denn ich wußte, daß er den Boten,
der damals zu ihm gekommen war, um ihn an das Totenbett
seines Vaters zu holen, nur verächtlich ausgelacht hatte.

Ich kniete nieder, hielt mich mit der einen Hand an Gott fest
und mit der anderen versuchte ich, nach Jake Woods zu greifen,
aber er war zu weit von mir entfernt. Ich versuchte es ein zweites
Mal, griff nach ihm, doch plötzlich fiel mir die Gastfreundschaft
ein, die mir Woods erwiesen hatte.

Ich fing also erneut an.»Oh, Gott. Letzte Nacht, als ich hierher kam, war ich mehr tot als lebendig. Und dieser Mann und seine gute Frau nahmen mich auf und pflegten mich gesund. Aber jetzt wollen sie nichts für ihre Hilfe annehmen. Seit sie dieses Haus haben, stand Jesus Christus mit ausgebreiteten, blutenden Händen und der Dornenkrone auf dem Haupt vor ihrer Tür – und sie haben ihm die Türe immer wieder vor der Nase zugeschlagen. Bitte hilf Jake Woods, daß er Jesus heute bittet, hereinzukommen.«

Als ich dann aufstand, saß Woods auf dem Fußboden und sah zur Türe. Ich folgte seinem Blick, sah jedoch nichts als eine offene Türe, Sonne und geschmolzenen Schnee. Nach einer Minute sagte er:»Komm herein.« Dann, zu mir gewandt, fügte er hinzu.»Er ist hereingekommen«, was soviel bedeutete wie: »Jetzt liegt es nicht mehr an mir.«

Als ich die Blockhütte verließ, begleitete er mich zum Zaun. »Doc«, fragte er,»haben Sie noch eines von diesen kleinen Büchern, aus denen Sie mir vorgelesen haben? Ich glaube, ich bin wirklich wie dieser verlorene Sohn gewesen. Wenn Sie mir eines dieser Bücher leihen und ein Zeichen an die Stelle machen könnten, wo diese Geschichte steht, finde ich vielleicht jemanden, der sie mir noch einmal vorlesen kann. Ich glaube, daß ich sie gerne noch einmal hören würde.«

Ich gab ihm das Buch. Er wandte sich ab, und beim Weggehen meinte er noch, daß sein »altes Weib« vielleicht einmal kommen würde, um mich in der Flats-Schule predigen zu hören.

Ich hatte dort schon einige Male zuvor gepredigt, und manchmal waren auch ein paar gute Seelen zugegen gewesen, als ich jedoch dieses Mal dorthin kam, schien das ganze Gelände nur so von Menschen zu wimmeln. Der erste Mann, der mich sah und der meine Hand ergriff und so heftig daran zog, daß ich fast vom Pferd gefallen wäre, war Jake Woods.»Doc, ich habe sie zusammengetrommelt«, begrüßte er mich. Und das hatte er wirklich.

Ich betrat die Schule. Auf der einen Seite des Ganges saßen die Frauen, und am Ende der zweiten Reihe von vorne saß eine Frau, die mich beim Vorbeigehen am Ärmel meines Mantels zog. Ich sah hinunter zu ihr. Es war Nancy Woods, die zum ersten Mal seit zwanzig Jahren wieder in der Kirche war.

»Doc«, sagte sie, »mit Jake stimmt etwas nicht.«

»Weshalb?« fragte ich.

»Ich weiß auch nicht, aber seit Sie bei uns waren, ist er wie verändert. Er war wirklich gut zu mir. Doc, ich glaube, daß er heute sterben wird. Bitte bereiten Sie schon alles Nötige vor.«

Tränen stiegen mir in die Augen, als ich auf den Tisch zuging und meine Satteltaschen ablegte.

Jake Woods hatte diese Frau einmal fast zu Tode geprügelt, weil sie einem Prediger eine Münze gegeben hatte. Oft hatte er sie in den größten Sturm hinausgejagt, damit sie dort elend zugrunde gehen sollte. Und einmal, völlig betrunken, hatte er sie sogar ins offene Feuer geworfen. Aber jetzt war alles anders. Seit drei Wochen fühlte sie sich wie im Himmel.

Als ich mich dann umdrehte, sah ich die Männer hereinkommen, angeführt von Jake Woods, der wie auf Wolken zu schweben schien. Dicht hinter ihm war ein alter Soldat, der noch im amerikanischen Bürkerkrieg gedient und ein steifes Knie hatte. Dieser Mann hatte die Kirche seit Kriegsende nicht mehr betreten. Ich werde nie vergessen, wie dieser Mann niederkniete, sein Bein zurechtrückte, mich voller Einsicht und Reue anblickte und die Hände faltete.

An jenem Tag gab es in diesem Gebäude Gutes und Schlechtes. Und dazu paßte die Predigt nicht, die ich vorbereitet hatte. Also redete ich über die Bibelstelle: »Denn der Menschensohn ist gekommen, um zu suchen und zu retten, was verloren ist.«

Ich glaube, daß ich nie zuvor und nie mehr danach so gepredigt habe, aber jemand, der an diesem Tag neben diesem Tisch stand, predigte voller Energie und Überzeugung.

Und gerade in dem Moment, da ich mein Netz auswerfen wollte, sprang Jake Woods auf, stellte sich in den Gang, und seine Stimme übertönte die meine:»Männer und Frauen! Doc redet die Wahrheit. Ich selbst habe diesen Mann gesehen, während Doc in meinem Haus gebetet hat. Als ich meine Augen öffnete, stand er mit ausgebreiteten Armen in der Türe. Seine Hände waren verwundet, und aus den Wunden floß Blut. Und ich sah die Dornen auf seinem Haupt. Dann habe ich ihn gebeten hereinzukommen, und er trat ein. Und seit dem Moment bin ich ein anderer Mensch.«

Und sie kamen alle.

Von jenem Moment an ermahnte und rettete Jake Woods all die, die er kannte, und in den zwei Jahren, die er noch lebte, erreichte er mehr dieser Menschen, als ich es in meinem ganzen Leben geschafft hätte.

»Vor allem fordere ich zu Bitten und Gebeten, zu Fürbitte und Danksagung auf, und zwar für alle Menschen ... damit wir in aller Frömmigkeit und Rechtschaffenheit ungestört und ruhig leben können. Das ist recht und gefällt Gott, unserem Retter; er will, daß alle Menschen gerettet werden und zur Erkenntnis der Wahrheit gelangen.«

(1. Timotheus 2,1-4)

Kapitel 2

Leben und Tod

Die Vision des Stephanus

Stephanus war ein Mann voll Gottes Gnade, der
große Wunder unter den Menschen vollbrachte. Viele
der »religiösen« Männer seiner Zeit versuchten, mit
ihm zu debattieren. Da sie jedoch gegen seine Weisheit nicht ankamen, hetzten sie das Volk gegen ihn
auf. Stephanus Verteidigung und Verkündigung Jesu
trieb sie zur Weißglut.

»Als sie das hörten, waren sie aufs äußerste über ihn empört und
knirschten mit den Zähnen. Er aber, erfüllt vom Heiligen Geist,
blickte zum Himmel empor, sah die Herrlichkeit Gottes und
Jesus zur Rechten Gottes stehen und rief: Ich sehe den Himmel
offen und den Menschensohn zur Rechten Gottes stehen. Da
erhoben sie ein lautes Geschrei, hielten sich die Ohren zu,
stürmten gemeinsam auf ihn los, trieben ihn zur Stadt hinaus und
steinigten ihn. Die Zeugen legten ihre Kleider zu Füßen eines
jungen Mannes nieder, der Saulus hieß. So steinigten sie Stephanus; er aber betete und rief: Herr Jesus, nimm meinen Geist auf!
Dann sank er in die Knie und schrie laut: Herr, rechne ihnen
diese Sünde nicht an! Nach diesen Worten starb er. Saulus aber
war mit dem Mord einverstanden.« *(Apostelgeschichte 7,54 –
8,1)*

Das Vietnam-Wunder
Mickey Block

Mickey Block und Buddy Wilson waren die letzten
Überlebenden der »Flußratten«, einem Kern von
vierzig Navy-Kommandotruppen, die speziell von
der CIA für geheime Missionen in Vietnam ausgebil-
det wurden. Alle ihrer Kameraden waren entweder
gefallen oder nach Hause zurückgeschickt worden.
Als dann neue Rekruten zu ihnen kamen, ging das
Töten weiter ...

Um mit dem täglichen Schmerz und Schrecken fertig zu werden,
hatten Buddy und ich angefangen zu trinken, Menschen zu töten
und Freudenhäuser zu besuchen. Das war noch ganz am Anfang,
als es nichts Ungewöhnliches war, Menschen die Ohren abzu-
schneiden oder ihnen den Kopf abzuschlagen. Wir waren damals
für unsere Brutalität bekannt – sogar die Offiziere machten einen
großen Bogen um uns.

Diese Freizeitbeschäftigungen halfen mir in meinem persönlichen Kampf gegen den Schmerz und die Bitterkeit in mir. Als
Kind war ich von meinen Eltern körperlich mißhandelt worden.
Erinnerungen an diesen Alptraum – zusammen mit der Realität
des Alptraums, in dem ich mich gerade befand – ließen es mir
gerecht erscheinen, meine Feinde zu töten. Ja, es machte mir
sogar regelrecht Spaß.

Als dann Dave Roever, ein Christ, zu den Flußratten kam und auch noch das Bett unter mir zugewiesen bekam, schüttelten Buddy und ich den Kopf. Nur Tiere überlebten diesen Krieg. Wir konnten nicht verstehen, wie dieser Kerl, der sich so anhörte wie der Leiter einer Jugendgruppe in irgendeiner Kirche zu Hause, eine Flußratte sein konnte. Und wir wußten, daß dieser Gitarre spielende, Bibel lesende Prediger keine sechs Monate hier draußen durchhalten würde.

Zu diesem Zeitpunkt hatten Buddy und ich auch beschlossen, keine Freundschaften mehr mit Neuankömmlingen zu schließen, denn jeder, der uns etwas bedeutet hatte, war abgeknallt worden. Aber was passierte dann? Dieser Verrückte in unserer Barkasse erzählte uns ständig, daß er uns liebte und daß sein Herr und Erretter uns noch viel mehr liebte.

Und der Schmerz, der sich dann jedesmal in uns einstellte, konnte nur durch noch mehr Bier betäubt werden.

Eines Nachts verließen Buddy und ich dann die Barkasse für einen Erkundungsgang in der Feuerfreizone, feindlichem Gebiet, in dem man auf alles schießen konnte, was sich bewegte oder auch nur das geringste Geräusch von sich gab.

Ungefähr um drei Uhr morgens, als Buddy und ich auf der Motorabdeckung des Patrouillenbootes saßen und ein Bier schlürften, fiel der erste Schuß. Die Kugel traf unseren Richtschützen am Bug in die Brust, der daraufhin an Deck zusammenbrach.

Mein Herz klopfte bis hoch in meinen Hals. Ich ergriff meine M-60, mein Maschinengewehr. »Sobald ich zu schießen anfange, läßt du den Motor an und bringst uns von hier weg«, schnauzte ich Buddy an.

Der Gedanke, vom Feind gefangen genommen zu werden, machte mir mehr angst als die Aussicht, hier in diesem Dschungel zu sterben. Was jedoch weder Buddy noch ich bemerkt hatten, war, daß einige unerfahrene und ängstliche Besatzungsmitglieder unserer eigenen Barkasse sich von ihrer Wache davongeschlichen hatten und nun die Feuerfreizone durchquerten.

Als sie uns dann von hinten überraschten, dachten sie, wir seien der Feind.

Ich eröffnete mit meinem Maschinengewehr das Feuer. Und acht Maschinengewehre der anderen antworteten. Tausende von panzerbrechenden Kugeln bohrten sich in unser Boot Ich wurde zurückgeschleudert, und ein brennendes Gefühl jagte durch meinen Körper; ich war getroffen. Mein Puls hämmerte in meinem Kopf, ich kroch über das Deck zurück zu der M-60 und feuerte blindlings drauf los.

Dann lief alles wie im Zeitlupentempo ab. Ich wurde wieder getroffen und durch die Luft gewirbelt und spürte jede einzelne Kugel, die sich mir in den Leib bohrte. Im hinteren Teil des Bootes fiel ich schließlich zu Boden und lag dort dann ausgestreckt auf den gestapelten Pumpenabdeckungen.

Sogar als ich blutend am Boden lag, hörte das Schießen nicht auf. Granaten explodierten über – und in mir.

Die Maschinen dröhnten und keuchten bei Buddys Versuch, vom Ufer wegzukommen, aber es war zu spät. Das Boot und die Maschinen waren mittlerweile schon so sehr beschädigt, daß wir anfingen zu sinken. Ich mußte husten und wäre fast erstickt vor lauter Abgasen, Wasser und Blut.

Ich weiß nicht, wieviel Zeit vergangen war, aber als die Schüsse schließlich aufhörten, schrie Buddy wütend zum »Feind« hinüber, weinte und nahm mich in seine Arme. Dann hörte ich in der Ferne das Geräusch eines Hubschraubers und Stimmen, die mir und Gott sagten, wie traurig sie doch waren und wie leid es ihnen doch tat. Ich hustete Blut, und mir war kalt. Ich hatte schon genug Menschen sterben sehen, um zu wissen, daß es mit mir zu Ende ging.

Doch plötzlich sah ich durch die Dunkelheit und die Schmerzen hindurch Jesus am Kreuz. Und neben ihm stand ein zweites Kreuz, an dem ebenfalls ein Mann auf seinen Tod wartete. Ich erinnerte mich an meine Kindheit, die Sonntagsschule und die Geschichte von dem Dieb, der mit Jesus am Kreuz hing und es verdient hatte, in die Hölle zu gehen. Dann hörte ich, wie Jesus dem Dieb sagte, daß er ihn liebte und daß es noch nicht zu spät für ihn war.

Wegen meiner Vergangenheit und der Art, wie ich – vor allem in Vietnam – gelebt hatte, dachte ich, daß ich nicht das Recht hatte, mit Jesus in den Himmel zu kommen. Statt dessen bat ich Jesus ganz einfach, mir meine Beichte abzunehmen. Ich war traurig, sehr, sehr traurig. Und dann wurde mir schwarz vor Augen.

Sechs Wochen später befand ich mich noch immer in einem Krankenhaus in Japan. Ein Teil meiner Hand fehlte, in meinem Bein befand sich ein Nagel, und an meinem Bett hingen zwei Infusionsschläuche herunter. Eines Tages ging jemand im Krankenhaus meine Akte durch und entdeckte, daß genau an diesem Tag mein Geburtstag war. Sie backten mir einen Kuchen, sangen »Happy Birthday«, gaben mir zwei Spritzen und amputierten dann mein linkes Bein oberhalb des Knies. Damals war ich 22.

Während der folgenden zehn Jahre wurde ich 37mal operiert. Neunzehn 5mm-Kugeln hatten meinen Körper regelrecht zerfleischt. Schlimmer jedoch waren meine seelischen Wunden, denn diese konnten nicht so schnell geheilt werden.

Trotz der Vision damals, als ich sterbend in dem Patrouillienboot lag – und trotz der Erinnerung an die Liebe dieses Predigers – bat ich Gott in meinem Kampf gegen den Schmerz und die Bitterkeit nicht um Hilfe. Statt dessen wurde ich drogenabhängig und fing an, zu trinken. Sogar nachdem mir eine wundervolle Frau, Shirley, und zwei Kinder geschenkt worden waren, führten mich Ehebruch und Drogenkonsum an den Rand des Ruins.

Eines Nachmittags beschloß ich, Schluß zu machen. Müde, gegen die schmerzhaften Erinnerungen nicht anzukommen, ging ich zum Waffenschrank und nahm eine 357er Magnum heraus. Ich ging ins Schlafzimmer und schloß die Tür hinter mir ab, in der Absicht, mir eine Kugel durch den Kopf zu jagen.

Doch dann sah ich plötzlich vor mir, was passieren würde, wenn ich es tatsächlich schaffte, meinem Leben ein Ende zu bereiten ... ich sah den Schmerz und den Kummer, den ich meiner Familie bereiten würde.

Am Boden zerstört schrie ich zu Gott. »Wenn es Dich wirklich gibt ... wenn Du den Schmerz wegnehmen und mir Frieden schenken kannst ... Ich brauche Dich. Jetzt! Nicht nächste Woche, und auch nicht morgen. Jetzt sofort!«

Da war kein buntes Feuerwerk und auch keine frohlockenden Engel. Ich spürte nur, wie eine Liebe und Kraft meinen Körper durchströmte, die ich noch nie zuvor verspürt hatte. An jenem Tag übergab ich ihm mein Leben, dem einen, der das geschafft hatte, was ich in vielen Jahren des verzweifelten Grübelns und Nachdenkens nicht erreicht hatte.

Dann, ein Jahr später, als Shirley gerade in der Küche war und das Mittagessen vorbereitete, hörte sie die christliche Radiosendung »Born Twice«. Shirley war mir in meiner Entscheidung, Jesus Christus als meinen Herrn anzunehmen, gefolgt, und in den letzten Monaten waren wir uns und Gott viel nähergekommen. Jetzt rief sie nach mir und erzählte mir, daß ein behinderter Vietnam-Veteran zu Gast sei, und fragte mich, ob ich die Sendung mit anhören wolle.

Die Erinnerung an Vietnam lastete noch immer schwer auf mir. Vor einigen Wochen hatte uns Buddy Wilson einen Überraschungsbesuch abgestattet. Wir unterhielten uns lange über Vietnam, und Buddy erzählte mir, wie er, zwei Wochen nachdem ich getroffen worden war, geholfen hatte, den verbrannten Körper des Predigers in einen Rettungshubschrauber zu befördern.

Das war zuviel für Buddy gewesen, der noch 63 Tage in Vietnam bleiben mußte. Er hatte mich verloren, seinen besten Trinkbruder, und dann auch noch den Prediger, den einzigen Menschen, der ihm je gesagt hatte, daß er ihn liebte. Buddy war dann in das Büro des diensthabenden Offiziers gegangen und hatte ihm erklärt, daß Vietnam für ihn vorbei sei. Und daß, falls irgend jemand es wagen sollte, sich mit ihm anzulegen, er die Barkasse in die Luft jagen würde und man ihn dann gleich nach Hause schicken könne.

Die folgenden sechzig Tage saß Buddy mit seiner 45er Automatik in einem französischen Café in Tan An, trank Bier und sah den Krieg an sich vorbeiziehen.

Als ich so mit Shirley in der Küche saß, kamen mir manche Bilder von damals wieder in den Sinn. Dann hörte ich eine rauhe Stimme über das Radio. Dieser Vietnamevangelist – Dave irgendwer – erzählte von Flußbooten, speziellen Operationen und davon, daß er im Mekong- Delta von einer weißen Phosphorgranate getroffen worden war, die vierzig Prozent seines Körpers weggerissen hatte. Mein Puls beschleunigte sich. Das waren zu viele Zufälle. Er mußte es sein. Ich war dem Tod von der Schippe gesprungen ... war es möglich, daß der Prediger von damals es auch geschafft hatte?

Meine Hände wurden naß, mein Herz raste, und ich wartete, bis das Programm zu Ende war. Dann wählte ich die Nummer des Radiosenders.

Als der Veteran sich dann am anderen Ende der Leitung meldete, war meine Kehle ganz trocken und meine Hände zitterten. Ich nannte nicht einmal meinen Namen, sondern stellte ihm sofort die Frage, die mir auf der Seele brannte: »Waren Sie in der River Division 573, im West Coast SEAL Team?« brachte ich stotternd hervor.

»Ja, das war ich tatsächlich ... ja, das stimmt.«

»Und waren Sie dann auch in Tan An auf einer Barkasse am Van Co Thé stationiert?«

»Ja, das stimmt auch.«

»Und sind Sie auch der Typ, der von jedem nur »der Prediger« genannt wurde?

Es entstand eine lange Pause. »Ja, das bin ich.«

»Dann bist du derjenige, der in dem Bett unter mir schlief und mir ständig von Jesus erzählt hat?«

»Ich dachte, du bist tot!« brach es freudig aus ihm heraus.

»Und ich dachte, *du* bist tot!«

Eine ganze Viertelstunde lang weinten und lachten wir nur und erzählten uns von schönen und weniger schönen Dingen, die sich seit unserer Heimkehr aus Vietnam ereignet hatten. Dave erzählte mir, wie er in jener Nacht, in der ich verwundet worden war, geweint und gebetet hatte, daß Gott mich verschonen möge. Und ich gestand ihm, daß es seine Gebete in den einsamen Nächten damals waren, die mir der Realität eines lebendigen Gottes nähergebracht hatten.

Der absolute Höhepunkt unserer Freude kam jedoch dann, als Dave mich fragte, ob ich den Herrn kennengelernt hätte und ich ihm mit Ja antworten konnte!

In den folgenden Minuten rief Dave dann immer und immer wieder:»Halleluja! Gepriesen sei der Herr! Vielen Dank, Jesus! Gepriesen sei der Herr!« Und ich wußte, daß unsere Beziehung von damals nun einer neuen, übernatürlichen Beziehung gewichen war. Ich liebte es, dieser Flußratte zuzuhören!

Während einer großartigen Zusammenkunft mit Dave in einer Kirche wurde ich dann auf wundersame Weise vom Heiligen Geist angerührt. Eine mächtige Kraft legte sich auf mich. Es war so überwältigend, daß ich die körperliche und geistige Heilung regelrecht in meinem ganzen Körper spürte. All der Schmerz, die Enttäuschung und die Frustration, die sich bis jetzt in mir angestaut hatten, fielen nun ganz ohne mein Zutun von mir ab.

Vor siebzehn Jahren – gepeinigt von den Erinnerungen an meine Kindheit, der Realität des Krieges und den zerstörerischen Methoden, derer ich mich so oft bediente – hatte ich den Prediger und die Liebe, die er verkörperte, zurückgewiesen. Aber jetzt hat diese Liebe mein Leben verändert, und jetzt kenne ich den FRIEDEFÜRSTEN, dem er dient.

Der Krieg ist endlich vorbei.

»Darum kann er auch die, die durch ihn vor Gott hintreten, für immer retten; denn er lebt allezeit, um für sie einzutreten.«

(Hebräer 7,25)

Auf Zerstörungskurs
Phil Smith

Nur die Kraft Gottes konnte das Leben Phil Smiths verändern, der als junger Mann der Anführer einer gewalttätigen Jugendbande war.

Warum habe ich mein Leben weggeworfen? Ein Grund war meine Familie. Seit ich denken kann, wurde meine Mutter von meinem Vater geschlagen. Und so entwickelte ich schon im Vorschulalter enorme Haßgefühle. Ich haßte die ganze Welt. Als ich dann neun Jahre alt war, brachte meine Mutter einen fremden Mann mit nach Hause und erzählte mir, daß er jetzt mein »neuer Vater« sei.

Familienleben gab es bei uns nicht. Also suchte ich mir Freunde in meiner Schule in Dayton, Ohio – die falschen. Und als ich dann älter wurde, sahen die Jüngeren zu mir auf. Ich gehörte zu verschiedenen Straßengangs und fing an zu trinken.

Zu diesem Zeitpunkt hatte die Bitterkeit in meinem Herzen enorm zugenommen. Ich gründete Gangs in anderen Städten und war nur zufrieden, wenn ich jemanden zusammenschlagen konnte. Meine Waffen waren Werkzeuge, Ketten, Knüppel und alles, was ich sonst noch fand. Wenn ich keine Waffe oder keinen

Backstein zur Hand hatte, benutzte ich meine Fäuste. Noch heute habe ich Narben von damals, als ich mit meinen Fäusten Fensterscheiben von Autos eingeschlagen habe, um danach meine Feinde aus deren Autos zu zerren.

Oft kam ich dann von solchen »verlorenen Wochenenden« mit zerschundenem Gesicht und aufgeschlagenen Fäusten nach Hause. Ich sah das getrocknete Blut und fragte mich, wen ich dieses Mal verletzt oder getötet hatte.

Um für diese Kämpfe besser in Form zu sein, fing ich an, 120 Pfund schwere Gewichte zu stemmen und nahm einen Job am Fließband an, bei dem man mit schweren Teilen hantieren mußte. Dort sollte meine Wut auf einen Mann an diesem Fließband ein überraschendes Ende nehmen.

Dieser Mann redete jeden Tag von Jesus. Und das machte den Teufel in mir verrückt. Ich sagte dem Mann, daß er diesen Namen nie mehr in meiner Gegenwart erwähnen sollte, drohte ihm und verfluchte ihn. Einige Tage später erzählte er mir wieder von Jesus, und ich war bereit zum Kampf. Aber als ich anfing, auf ihn loszuschlagen, ergriff er mich und warf mich locker über seinen Kopf zu Boden. Später erfuhr ich dann, daß er eine ehemaliger Judolehrer aus Deutschland war.

Als er sah, was er getan hatte, half er mir hoch und sagte: »Es tut mir leid, Kumpel. Ich hätte das nicht tun sollen. Ich bin Christ. Ich hätte auf den Herrn vertrauen sollen. Los, du kannst mit mir machen, was du willst. Ich werde mich nicht wehren.« Er stand vor mir, beide Hände an den Seiten und sah mich an.

Ich konnte nicht umhin, diesen Mann zu bewundern, der für das einstand, woran er glaubte. Gleichzeitig wußte ich aber auch, daß ich jetzt keinen Rückzieher mehr machen konnte. Einige Mitglieder der Gang arbeiteten ebenfalls mit mir am Fließband und beobachteten gespannt, was nun passieren würde. Ich wußte, daß, wenn ich diesen Kerl jetzt nicht verprügelte, meine lieben »Kumpels« mich verprügeln würden. Sie würden Brei aus mir machen und mich zum Sterben liegen lassen.

Und dann passierte das erste Wunder meines Lebens. Ich holte aus und wollte auf mein Gegenüber losschlagen – aber es ging nicht. Gott hatte meine Fäuste gebunden. Ich konnte auf den Mann nicht einschlagen – meine Hände waren wie gefesselt! Und ich konnte nichts sehen. Gott hatte mich erblinden lassen! Als ich meine Hände dann jedoch wieder bewegen konnte und auch wieder etwas sah, schüttelte ich zum ersten Mal in meinem Leben einem echten Christen die Hand. Die Gangmitglieder haben mich nicht umgebracht. Gott muß auch ihre Hände gefesselt haben.

Und dieses Wunder beschäftigte mich. Mein neuer Freund erzählte mir von Erweckungsfeiern, bei denen Wunder geschahen. Und eines Tages begleitete ich ihn dann zu einer solchen Feier. Als ich mich so umsah, kam auf einmal ein weißes Tuch vom Himmel herab. Eine Ecke des Tuches berührte mich. Dann bedeckte es mich ganz. Ich war gereinigt. Ich war befreit von der Sünde – von Alkohol, Nikotin, Lust, Haß und Mord. Das Alte war vergangen.

Ich sagte:»Gott, zeige mir, daß es Dich wirklich gibt.«

Er sprach zu mir und sagte: *Geh in den Dienst.*

Und genau in dem Moment sagte der Evangelist:»Gott hat gerade zu einem jungen Mann im hinteren Teil des Raumes gesprochen und ihn in den Dienst berufen.«

Später sah ich den Herrn dann eine halbe Stunde lang.

Der Herr sandte mich durch ganz Amerika und in eine Vielzahl anderer Länder, um dort die gute Nachricht zu verbreiten. Überall tat Gott Wunder. Und als ich dann dachte, daß ich mich im Dienst jetzt ganz gut »etabliert« hatte, sprach Gott erneut zu mir: *Ich schicke dich zurück in die Straßen.*

Er ließ mich in den verschiedensten Städten christliche Zentren errichten, und ich fuhr bei den Hell's Angels in einer neuen Motorradgang namens »Christ's Patrol« mit.

Jetzt habe ich eine ganz andere Botschaft für diejenigen, die in den Straßen der großen Städte in Dunkelheit und Verzweiflung leben!

»Kommt her, wir wollen sehen, wer von uns recht hat, spricht der Herr. Wären eure Sünden auch rot wie Scharlach, sie sollen weiß werden wie Schnee. Wären sie rot wie Purpur, sie sollen weiß werden wie Wolle.«
(Jesaja 1,18)

Jesus ist nichts zu schwer
Dr. J. T. Seamands

Dr. J.T. Seamands vom Asbury Seminary in Wilmore, Kentucky, erzählt diese beeindruckende Geschichte.

Ein indischer Hindupriester kam eines Tages nach Hause und erfuhr, daß seine Frau, die kurz vor der Entbindung stand, plötzlich krank geworden und verstorben war. Vier Mediziner hatten ihren Tod bestätigt. Gemäß hinduistischem Brauch legten die Familienmitglieder den Körper der Toten auf eine Steinplatte vor dem Haus und bedeckten diesen mit einem Bettlaken.

Der Mann war zutiefst traurig und konnte in dieser Nacht nicht schlafen. Am nächsten Morgens stand er früh auf, ging in den Wald und rief zu seinen Göttern und Göttinnen, aber er erhielt keine Antwort. Also beschloß er in seinem Herzen, daß er am darauffolgenden Tag in seinen Tempel gehen würde und den Menschen sagen würde: »Betet diese Götzen nicht länger an. Es sind alles tote Götter!«

Dann erinnerte er sich plötzlich an die Worte eines Inders, den er vor einiger Zeit einmal getroffen hatte. Es war ein christlicher Evangelist, und er war vor einigen Monaten in seine Stadt gekommen, um das Evangelium zu predigen. Der Hindupriester war so wütend über die Predigt des Christen gewesen, daß er handgreiflich geworden war und ihn aus der Stadt verwiesen hatte. Er drohte sogar, ihn zu töten, falls er in die Stadt zurückkommen sollte. Bevor er ging, sagte der Evangelist zu dem Priester: »Für meinen Jesus ist nichts zu schwer. Ich werde für Sie beten.«

Während er sich an diese Worte erinnerte, schrie der Priester plötzlich in die Stille der Nacht hinaus: »Jesus, wenn es Dich wirklich gibt, dann zeige Dich mir!«

Plötzlich erschien ein helles Licht vor ihm, und in der Mitte dieses Lichtes stand Jesus. Eine Stimme sprach zu ihm: »Ich liebe dich und bin für dich gestorben.«

Der Hindupriester kniff sich ungläubig und sagte dann: »Wenn das, was ich sehe und höre, wahr ist, dann wiederhole, was Du eben zu mir gesagt hast.« Und wieder sprach die leise Stimme: »Ich liebe dich und bin für dich gestorben.«

Dann fing der Priester an zu weinen, bekannte seine Sünden, und nach einiger Zeit empfand er einen tiefen Frieden in seinem Herzen. Er sagte leise: »Jesus, ich will Dich lieben und Dir dienen – mein Leben lang.« Dann fügte er hinzu: »Und Herr, wenn meine Frau noch lebte, würde sie dir ebenfalls dienen, aber leider gibt es sie nicht mehr!«

Es war fünf Uhr morgens. Der Körper seiner Frau hatte mittlerweile schon fast zwölf Stunden auf der Steinplatte vor dem Haus gelegen. Er ging zu ihr hinüber, zog das Laken zurück und strich ihr liebevoll über Haar und Gesicht. Plötzlich spürte er, wie sich ihr Körper bewegte und sie ihre Augen öffnete.

»Mann«, sagte sie leise, »wer ist dieser Jesus?«

»Weshalb fragst du?« antwortete er.

Dann erzählte sie ihm von einem Traum, den sie diese Nacht gehabt hatte. In ihrem Traum war sie kurz davor, von einer steilen Klippe in die Tiefe hinunterzustürzen, als sie eine Stimme hinter ihr hörte, die zu ihr sagte: »Tochter, tu' es nicht; ich kann dir helfen.« Sie drehte sich um und sah in das freundliche Gesicht eines älteren Herrn. (Zur Erklärung soll hier erwähnt sein, daß, wäre es ein junger Mann gewesen, die Frau sich nach indischem Brauch von diesem hätte abwenden müssen. Aber der allwissende und liebende Gott war so umsichtig, sich dieser Frau im Umfeld ihrer eigenen Kultur zu offenbaren.) Der alte Mann nahm sie bei der Hand und führte sie an einen sicheren Ort.

Als sie sich voneinander verabschiedeten, fragte sie: »Wer seid IHR, Herr?«

»Ich bin Jesus.«

Nachdem er diese Worte gehört hatte, erzählte der Priester seiner Frau von seiner Begegnung mit dem Herrn in dieser Nacht und was in seinem Herzen und seiner Seele vor sich gegangen war. Er erklärte ihr, wer Jesus war.

Zum Erstaunen aller lebte die Frau also noch, und ein, zwei Tage später brachte sie sogar ein wunderschönes und gesundes Mädchen zur Welt.

Aufgrund dieses Erlebnisses wandten sich der Hindupriester und seine Frau von ihren Götzen ab, hin zu dem lebendigen Gott. Heute ist der ehemalige Hindupriester Pastor in einer Kirche in der Nähe Haiderabads.

»Wir wissen, daß es keine Götzen gibt in der Welt und keinen Gott außer dem einen.«

(1. Korinther 8,4)

Ein Stück Himmel
Dr. Richard Eby

Als der Notarzt am Unfallort ankam, um Dr. Eby ins Krankenhaus zu bringen, mußte er feststellen, daß es keinen Grund mehr zur Eile gab. Dr. Eby war von einem Balkon im ersten Stock auf einen betonierten Gehweg herabgestürzt und lag nun in seinem eigenen Blut. Sein Herz klopfte nicht mehr, sein Schädel lag frei, sein Körper war gräulich weiß, und sein Blut hatte aufgehört zu fließen. Dr. Richard Eby, Chirurg und Osteopath aus Victorville, Kalifornien, erzählt in seinem Buch *»Caught Up into Paradise«* von seinen erstaunlichen himmlischen Erlebnissen.

Und schon hatte mich Jesus aus dieser Welt genommen. Ich kann gar nicht beschreiben, wie erschrocken, verblüfft und schockiert ich darüber war. Eine Sekunde zuvor befand ich mich noch in einem Vorort Chicagos, und nur eine Sekunde später in einem Vorort des Himmels. Eine Sekunde zuvor in einer Stadt im Mittelwesten mit nahezu unerträglich schwülem Klima, und eine Sekunde später am großartigsten Ort »der für dich bereitet ist, damit dort, wo ich bin, auch du sein mögest. « Eine Sekunde zuvor noch innerhalb der Grenzen meines Körpers, und in der nächsten Sekunde dann ein himmlisches Wesen, dessen Gedankengänge sich in rasender Lichtgeschwindigkeit vollzogen!

Meine anfängliche Verblüffung (»Dick, du bist tot«) wich jedoch bald einem tiefen Gefühl des Friedens – Frieden, der über menschliches Verstehen hinausging, und Frieden, der so beruhigend war, daß ich sofort wußte, daß dies das versprochene Geschenk des Geistes unseres Herrn war. An mein Erdenleben konnte ich mich nicht mehr erinnern. Ich genoß einen himmlischen »Körper«; und ich war ganz ich. Neben der völligen Abwesenheit von Schmerz und der umfassenden Gegenwart dieses großartigen Friedens (Dinge, die mir völlig fremd waren), sah ich doch wie ich selbst aus, fühlte wie ich und reagierte wie ich. Ich hatte einfach meinen alten Körper abgelegt und lebte jetzt in einem neuen, phantastischen, wolkenähnlichen Körper!

Als ehemaliger Arzt untersuchte ich diesen natürlich sofort, und ich bewunderte ihn. Es war mein Körper. Wenn man seinen Körper schon sechzig Jahre lang hat, ist es nicht schwer, diesen wiederzuerkennen. (Und ich bin sicher, daß Gott in diese himmlische Erfahrung nur die Dinge eingebaut hat, die für mich von großer Bedeutung waren. Einem Menschen mit einem anderen Hintergrund hätte er bestimmt ganz andere Dinge gezeigt.) Ich war noch genauso groß wie die Person, die mich über Jahre hinweg aus dem Spiegel heraus angesehen hatte, und ich hatte noch genau dieselbe Figur. Ich trug ein durchsichtiges, wallendes Gewand. Es war strahlend weiß, aber ich konnte hindurchblicken. Ich war verblüfft darüber, daß ich durch meinen Körper hindurchsehen konnte und hinter und unter mir wunderschöne weiße Blumen entdeckte. Irgendwie erschien mir dies völlig normal und doch auch aufregend neu.

Und die ganze Zeit über war mir instinktiv bewußt, daß der Herr der Herrn – obwohl ich ihn nicht sah – hier allgegenwärtig war. Das Gefühl der Zeitlosigkeit ließ alle Eile töricht erscheinen, und so widmete ich mich wieder meinen Anatomiestudien, in dem Bewußtsein, daß er sich mir zu seiner Zeit schon zeigen würde. Alles in diesem phantastischen Vorhof des Himmels wirkte so normal.

Ich konnte meine Füße ohne Probleme erkennen. Hier brauchte man keine Brille mehr. Ich hatte bemerkt, daß meine Augen jetzt keinen Begrenzungen mehr unterlagen. Ich konnte alles sehen, egal, ob in 30 cm oder in 30 km Entfernung – ich erkannte alles scharf und klar. (»Wir werden aufsteigen wie Adler«, sagte König David. Vielleicht spielte er ja auf deren außerordentlich gute Sehfähigkeit an!) Und ich hatte weder Knochen noch Gefäße noch Organe. Kein Blut. Und keine Genitalien (was ja ohnehin unnötig ist, da es im Himmel ja keine Ehe mehr gibt, keine Kinder mehr zur Welt kommen und sein LEIB der Gläubigen dann vollkommen ist!). In Brust und Unterleib befanden sich ebenfalls keine Organe. Obwohl ich selbst durch meinen Körper hindurchsehen konnte, war er ansonsten lichtundurchlässig. Wieder beantwortete mein Gehirn, das hier im Himmel mit unheimlicher Geschwindigkeit arbeitete, meine noch unausgesprochene Frage: Sie werden hier nicht gebraucht; Jesus ist hier das Leben. Er ist Energie. Es gab keine Luft zum Atmen, kein Blut, das zirkulieren konnte, und auch kein Essen, das verdaut werden mußte. Dies war kein fleischlicher Körper mit Organen, sterblich und vergänglich!

Ich betrachtete das wunderschöne Tal um mich herum. Wälder symmetrischer Bäume, wie ich sie noch nie gesehen hatte, bedeckten die Hügel auf beiden Seiten des Tals. Ich konnte jeden Ast und jedes einzelne Blatt erkennen – und ich sah keinen einzigen braunen Punkt und kein einziges verwelktes Blatt in diesem Wald. (»Dort gibt es keinen Tod«, damit war also auch die Vegetation gemeint.) Jeder Baum, groß und mächtig, war ein Duplikat aller anderen: perfekt und makellos. In gewisser Weise glichen sie den großen Lebensbäumen Nordamerikas. Das Tal selbst war großartig. Es war von üppigen Gräsern bedeckt, von denen sich jedes einzelne Blatt makellos in die Höhe reckte. Das Gras war von strahlendweißen Blumen mit vier Blütenblättern durchzogen, die auf 60 Zentimeter hohen Blütenstengeln thronten und in deren Zentrum es golden leuchtete. Und eine Blume sah aus wie die andere! (Auf der Erde gibt es keine zwei gleichen Blumen, und seit dem Sündenfall gibt es nichts mehr, das identisch wäre.)

Da mir Pflanzen schon immer gefallen hatten, beschloß ich, einen Strauß zu pflücken. Doch zu meiner Überraschung passierte etwas, womit ich überhaupt nicht gerechnet hatte. Mein Gedanke (mich zu bücken und die Blumen zu pflücken) wurde zur Tat. Ich entdeckte, daß es hier im Paradies keine Zeitverschiebung gab zwischen Gedanke und Tat. Ein Wort, gedacht oder gesprochen, wird zur Tat!

(Plötzlich verstand ich auch, wie der Himmel und die Erde so schnell aus dem Nichts entstanden waren: Gott hatte einfach an das *gedacht*, was er wollte, und dann war es auch schon da.)

In meiner Hand fand ich dann einen Strauß strahlendweißer Blumen – und eine sah genau wie die andere aus. Kaum hatte ich mich gefragt:»Warum sind sie so weiß?«, als ich auch schon die Antwort erhielt:»Auf der Erde sahst du nur weißes Licht, das das Farbspektrum der Sonne vereinte. Hier haben wir jedoch das Licht des Sohnes!« Ich war aufgeregt. *Natürlich,* dachte ich. *Er ist das Licht der Welt... im Himmel braucht man weder Sonne noch Mond.*

Dann bemerkte ich etwas Seltsames an den Stielen – sie waren nicht feucht! Ich tastete sie vorsichtig ab. Sie waren zart und weich, aber nicht wie Erdenblumen mit deren zellularem Wasserhaushalt. Bevor ich fragen konnte, hatte ich schon wieder die Antwort erhalten: Das Wasser auf der Erde besteht aus Sauerstoff und Wasserstoff und hält die Menschen eine Zeitlang am Leben; hier ist Jesus das Lebendige Wasser. In seiner Gegenwart stirbt nichts. Hier braucht man weder Sauerstoff noch Wasserstoff. Instinktiv wandte ich mich um zu der Stelle im Gras, an der ich vorhin auf Dutzenden von Blüten gestanden hatte. Keine einzige war geknickt oder verletzt. Während ich dann ein paar Schritte zwischen Gras und Blumen weiterging, sah ich zu Boden, um zu beobachten, was passierte. Die Blumen und das Gras blieben aufrecht zwischen meinen Füßen und Beinen stehen! Wir gingen einfach aneinander vorbei. (Vor Jahrhunderten von Jahren war mein Herr mit demselben Körper durch geschlossene Türen hindurch und durch den Stein vor dem Grab gegangen!)

Das Licht faszinierte mich – kein Schatten weit und breit. Hier gab es nicht nur eine einzige Lichtquelle, wie das auf der Erde der Fall ist. Ich erkannte, daß hier alles sein eigenes Licht zu erzeugen schien. Und wieder traf die Antwort mit meiner Frage zusammen: Der Himmel verkörpert die Herrlichkeit Gottes; weißt du nicht, daß ihm die Ehre, die Herrlichkeit und die Macht *gebührt?* Er *ist* das Licht der Welt!

Ich war überwältigt von diesem Anblick des Himmels. Gott hatte mir einen eindeutigen Beweis dafür gegeben, daß er, genauso wie er es versprochen hatte, einen Ort ganz für mich alleine ausgesucht hatte und für mich bereit hielt. Aber er hatte noch mehr: Musik.

Die ganze »Zeit« über (da es keine Sonne gab, gab es auch keine Zeitangaben) hörte ich die wundervollste, melodische und engelsgleiche Musik, die ich je gehört hatte. Ich hörte jetzt konzentriert zu. Es war eine völlig neue Art von Musik, die wahrscheinlich auch Paulus auf Patmos vernommen hatte. Man hörte keine Instrumente und keine Stimmen, sie war weder mathematisch noch weltlich. Und es gab keinen Ausgangspunkt der Musik – weder im Himmel noch auf der Erde. Genauso wie alles Licht zu sein schien, so war es auch mit der Musik. Sie war überall und in allem. Sie hatte keinen Takt – war weder in Dur noch in Moll – und hatte kein Tempo. (Wie sollte sie auch, da es in der Ewigkeit ja ohnehin keine Zeit gibt?) Diese Musik ist mit nichts zu vergleichen. Dichter haben sie als »Sphärenmusik« beschrieben. Gott sagte: »Ich will ihnen ein neues Lied geben.« Ich habe es gehört – er selbst mußte es komponiert haben – jede einzelne Note. Halleluja! Musik von Jesus! Kein Wunder, daß die Cherubim und Seraphim und die himmlischen Heerscharen um seinen Thron herum singen!

Auf die süßeste Offenbarung von allen war ich jedoch nicht vorbereitet: das allesdurchdringende Aroma des Himmels. Niemand auf Erden, kein Prediger und auch kein Bibellehrer hatte je diesen betörenden Duft erwähnt. Und genauso wie das Licht und die Musik war auch dieser Duft überall. Ich bückte mich erneut und roch an den Blumen. Ja, auch dort war dieser Duft, ebenso wie im Gras und in der Luft. Ein Duft, der so exotisch war, so erfrischend und erhaben, daß er nur für einen König gemacht sein konnte! Selbst das Spezialrezept, das Jahwe seinen Priestern in der Wildnis gegeben hatte, war nichts im Vergleich zu diesem »süßen Duft«. Weltliche Zutaten hätten diesen Ansprüchen nicht genügt. Ich stand einfach nur da und ließ mich von diesem Duft umhüllen.

Aber auf meine Frage zu diesem Duft bekam ich im Himmel keine Antwort. Dieses Mal wartete Jesus, bis ich wieder auf der Erde war. »Suche in der Bibel«, wies mich der Geist an. »Darin wirst du Weisheit finden.« Von den Büchern Genesis und Levitikus bis hin zu der Offenbarung des Johannes erzählt er uns von seiner Liebe zu wohlriechenden Düften, davon, wie sehr er die ihm dargebrachten Opfer schätzt, davon, daß beim Gottesdienst in der Stiftshütte bestimmter Weihrauch benutzt werden sollte, und schließlich von seiner großen Freude über die Gebete seiner Heiligen. All dies bewahrt er auf, vermengt es miteinander und gibt es schließlich in goldene Schalen, die später dann vor dem Thron seines Lammes geöffnet werden sollen – dem einzigen Wesen, der diesem göttlichen Duft würdig ist. (Offenbarung 5,8) Und ich durfte diesen erhabenen göttlichen Duft einatmen. Nie wieder kann ich so sein wie früher. Die Vorstellung, daß dies nur eine der unergründlichen Freuden ist, die er für seine Miterben in der Ewigkeit bereit hält, ist jedoch so überwältigend, daß wir gar nicht glauben können, daß Jesus uns das wirklich alles schenken will. Und dennoch erwartet es jeden, der zu Jesus kommt! Er hat es gesagt; und ich glaube es. Er hat es vorbereitet; und ich nehme es an.

Ich bin ganz froh, daß mir Jesus an diesem Tag nicht mehr seiner himmlischen Wunder gezeigt hat. Ich glaube, mit noch mehr Offenbarungen wäre ich nicht fertig geworden. Dieses Erlebnis, weit weg von der Erde, dauerte Minuten, vielleicht auch Stunden. An manches kann ich mich nicht mehr erinnern. Aber das ist auch nicht so wichtig. Gottes Geist wird das in mir wirken, was Gott damit beabsichtigt hat, als er mir sein Reich zeigte und mich dann wieder auf die Erde zurückschickte.

Ich hörte auf zu denken, und alles um mich herum war still und schwarz. Später bemerkte ich, daß ich mich wieder auf der Erde befand, wo die Gebete vieler, die dafür gebetet hatten, daß ich am Leben blieb, erhört worden waren.

»Jesus erwiderte ihr: Ich bin die Auferstehung und das Leben. Wer an mich glaubt, wird leben, auch wenn er stirbt, und jeder, der lebt und an mich glaubt, wird auf ewig nicht sterben. Glaubst du das?«

(Johannes 11,25-26)

In der Gegenwart des Meisters
Rebecca Springer

Rebecca Springer lebte im neunzehnten Jahrhundert. Der nachfolgende fesselnde Bericht ihrer Erlebnisse im Himmel stammt aus ihrem Buch *»Within Heaven's Gates«*.

Er hob sein wundervolles, strahlendes Gesicht und sah mich an. Der Schleier vor meinen Augen hob sich langsam, und ich erkannte ihn! Leise vor Freude und Anbetung jubelnd, warf ich

mich ihm zu Füßen und benetzte diese mit meinen Freudenträ-
nen. Er strich sanft über mein gesenktes Haupt und ließ mich
dann aufstehen und an seine Seite treten.

»Mein Erretter, mein König«, flüsterte ich und hielt mich an
ihm fest.

»Ja, und auch dein großer Bruder und Freund«, fügte er hinzu
und wischte mir zärtlich die Tränen von der Wange, die sich still
ihren Weg durch meine geschlossenen Lider gebahnt hatten.

»Ja. Ja! Der Wichtigste von allen, und der eine Liebenswer-
te!« flüsterte ich erneut.

»Ah, du beginnst die Bedingungen für das neue Leben zu
erfüllen! Der Wechsel vom Glauben zum Sehen hat dich wie
viele andere zurückschrecken lassen, hat dir anst gemacht. Aber
du brauchst keine Angst haben. Hast du mein Versprechen
vergessen: Ich gehe, um einen Platz für euch vorzubereiten ...
damit auch ihr dort seid, wo ich bin (Johannes 14,2-3)? Wenn
du mich geliebt hast, als du mich nur im Glauben sehen konntest,
wieviel mehr mußt du mich erst jetzt lieben, da wir nun Miterben
des Vaters geworden sind. Komm zu mir mit dem, was dich
verwirrt oder fröhlich macht. Komm zu deinem großen Bruder,
der dich immer gerne mit Freuden empfängt.«

Dann half er mir auf einen Stuhl, unterhielt sich lange mit
mir und enthüllte mir viele Geheimnisse des göttlichen Lebens.
Ich hing regelrecht an seinen Lippen und versank in jedem Wort,
das er sprach. Neugierig betrachtete ich jede Linie in seinem
geliebten Gesicht. Ich war so erhoben, erhaben und erhöht, daß
ich es gar nicht in Worte fassen kann. Schließlich erhob er sich
mit einem göttlichen Lächeln.

»Wir werden uns oft sehen«, sagte er. Ich neigte mich zu ihm
hinüber und drückte meine Lippen ehrfurchtsvoll auf die Hand,
die noch immer die meine festhielt. Dann legte er seine Hände
segnend auf mein geneigtes Haupt und verließ lautlos und
geschwind das Haus.

Als ich den Erretter beobachtete, wie er unter den blütenrei-
chen Bäumen entlangging, sah ich zwei wunderhübsche junge

Mädchen auf ihn zukommen. Es waren Mary Bates und Mae Camden, die Arm in Arm den Weg entlangschlenderten und sich fröhlich unterhielten. Als sie den Meister erkannten, rannten sie jubelnd auf ihn zu. Erfreut streckte er ihnen seine Hände entgegen. Die beiden Mädchen drehten sich um und ergriffen jede eine Hand. Dann begleiteten sie ihn auf seinem Weg.

Sie unterhielten sich scheinbar fröhlich und ungezwungen mit ihm, und während er mit ihnen sprach, sahen sie ihn vertrauensvoll an. Ab und zu sah ich sein Gesicht von der Seite. Er drehte sich um und blickte liebevoll zu den beiden Mädchen hinunter – zuerst in das eine und dann in das andere liebliche, ihm zugewandte Gesicht. Ich dachte: *So möchte er, daß wir mit ihm umgehen – wie Kinder mit dem geliebten großen Bruder.*

»Denn das Lamm in der Mitte vor dem Thron wird sie weiden und zu den Quellen führen, aus denen das Wasser des Lebens strömt, und Gott wird alle Tränen von ihren Augen abwischen.«

(Offenbarung 7,17)

Die Tore des Himmels
Betty Malz

Als Betty Malz um halb vier Uhr morgens im Union Hospital in Terre Haute, Indiana, im Sterben lag, sprach der Herr zu ihrem Vater, Reverend Glenn Perkins, und sagte diesem, er solle zurück zu seiner Tochter ins Krankenhaus fahren. Gottes wunderbarer Plan war es, daß Bettys Vater am Bett seiner Tocher stehen sollte, um das Drama mitzuerleben, das sich dort ereignete. Als er jedoch im Krankenhaus ankam, waren bereits alle Apparate entfernt worden, und ein weißes Bettuch bedeckte nun den Körper seiner Tochter. Diese Geschichte erzählt Betty Malz in ihrem Buch *»Ich sah ein Stück der Ewigkeit«*.

Es muß ungefähr fünf Uhr morgens gewesen sein, als mein Herz an diesem Tag zum zweiten Mal zu schlagen aufhörte. Nur, daß dieses Mal niemand mehr an meinem Bett saß, der das Krankenhauspersonal hätte benachrichtigen können.

Der Übergang war leicht und friedlich. Ich ging einen wunderschönen grünen Hügel hinauf. Der Weg ging steil bergan, aber meine Beine bewegten sich mühelos vorwärts, und tiefe Freude durchströmte mich. Trotz der drei Operationseinschnitte in meinem Körper konnte ich mühelos aufrecht stehen und mich an meiner Größe freuen, anstatt wie bisher Komplexe deswegen zu haben. Ich sah zu Boden und erkannte, daß ich barfuß im Gras spazierte. Mein Körper wirkte diffus und farblos. Das Gras war jedoch so leuchtend grün, wie ich es noch nie zuvor gesehen hatte. Jedes Blatt war ungefähr drei Zentimeter lang, fühlte sich an wie weicher Samt und bewegte sich eifrig hin und her. Als meine Fußsohlen das Gras berührten, spürte ich, wie bei jedem Schritt, den ich tat, etwas Lebendiges, das von diesem Gras ausging, durch meinen Körper strömte.

Kann das der Tod sein? fragte ich mich. Wenn ja, dann hatte ich bestimmt nichts zu befürchten. Hier gab es keine Dunkelheit und keine Unsicherheit. Ich befand mich lediglich an einem anderen Ort, und ein unsagbares Gefühl der Zufriedheit erfüllte mich.

Überall um mich herum war ein wundervoller, tiefblauer Himmel, den keine Wolke trübte, und als ich mich umsah, erkannte ich, daß es hier auch keine Wege oder Straßen gab. Und dennoch schien ich irgendwie zu wissen, wohin ich gehen mußte.

Dann stellte ich fest, daß ich nicht alleine war. Links hinter mir ging in einigem Abstand eine große, männliche Gestalt in einem langen Gewand. Ich fragte mich, ob es ein Engel war, und versuchte, ob ich Flügel an ihm erkennen konnte. Da er mich ansah, konnte ich zwar seinen Rücken nicht sehen, aber irgendwie spürte ich, daß er gehen konnte, wohin er wollte, und das innerhalb kürzester Zeit.

Wir gingen beide in dieselbe Richtung, sprachen aber nicht miteinander. Irgendwie erschien es nicht nötig. Dann bemerkte ich jedoch, daß er kein Fremder war. Er kannte mich, und auch er kam mir irgendwie bekannt vor. Wo hatten wir uns getroffen? Kannten wir uns schon lange? Es schien so. Wohin gingen wir?

Während wir so dahingingen, bemerkte ich, daß es keine Sonne gab, sondern daß hier alles Licht war. Zu unserer Linken standen bunte Blumen. Auch Büsche und Bäume. Und zu unserer Rechten zog sich eine große Steinmauer entlang.

Vor einigen Jahren hatte ich einmal den Gipfel des Logan's Pass im Glacier National Park erklommen. Oben angekommen, hatte ich die reine, klare und unverbrauchte Luft zwischen den schneebedeckten Gipfeln eingeatmet. Im Schnee hatten sogar ein paar Blumen geblüht. Der Aufstieg war anstrengend gewesen. Ich hatte Blasen an den Füßen, und meine Beine taten weh. Aber der jetzige Aufstieg war anders. Meine Beine taten nicht weh, und mir war auch nicht kalt. Obwohl wir uns anscheinend in sehr großer Höhe befanden, gab es keinen Schnee. Es schien keine Jahreszeiten zu geben – auch wenn es mir im Moment wie Frühling vorkam. Ich fühlte mich jung, unbeschwert, zufrieden und gesund und empfand einen tiefen inneren Frieden. Ich spürte, daß ich nun alles hatte, was ich schon immer hatte haben wollen. Ich war alles, was ich schon immer hatte sein wollen. Und ich war dort angekommen, wo ich schon immer hatte sein wollen.

Die Mauer zu meiner Rechten war jetzt höher und bestand aus vielen bunten, mehrschichtigen Steinen. Ein, zwei Meter oberhalb meines Kopfes schien von der anderen Seite her Licht durch eine lange Reihe amberfarbener Edelsteine. *Topas*, dachte ich ...

Gerade in dem Moment, als wir oben auf dem Hügel angekommen waren, hörte ich meinen Vater rufen:»Jesus, Jesus, Jesus.« Seine Stimme klang weit entfernt. Ich dachte darüber nach, ob ich zurückgehen und nach ihm suchen sollte. Aber ich tat es nicht, weil ich wußte, daß ich mein Ziel noch nicht erreicht hatte. Wir gingen schweigend weiter, wobei die Stille lediglich ab und zu durch das Rauschen eines leichten Windes unterbrochen wurde, der um das weiße, zarte Gewand des Engels spielte.

Wir trafen auf ein großartiges, silbern glänzendes Gebäude. Es sah aus wie ein Palast, hatte jedoch keine Türme. Als wir uns dem Gebäude näherten, hörte ich Stimmen. Wunderschöne melodische und harmonische Stimmen, die sich zu einem Chorus vereinigten, der mindestens vierstimmig war. Dann hörte ich das Wort *Jesus*. Ich hörte die Musik, ich spürte sie, und schließlich stimmte ich sogar in den Gesang mit ein. Früher hatte ich zwar den Körper eines Mädchens gehabt, jedoch die Stimme eines

Jungen. Und nun sang ich so, wie ich es mir schon immer gewünscht hatte. Ich hatte plötzlich eine schöne, hohe und klare Stimme ...

Während der Engel und ich weitergingen, spürte ich, daß wir hingehen konnten wohin wir wollten und dann dort auch innerhalb kürzester Zeit ankommen konnten. Unsere Unterhaltung vollzog sich durch Gedankenübertragung. Der Chor stimmte jetzt ein neues Lied an. Es war vierstimmig und wurde in verschiedenen Sprachen gesungen. Und dennoch konnte ich es verstehen, ohne zu wissen wie oder weshalb. Irgendwie schienen wir alle auf einer Wellenlänge zu sein. Ich dachte: *Diese Melodie und diese Worte werde ich nie mehr vergessen.* Später erinnerte ich mich dann jedoch lediglich an zwei Worte: *Jesus* und *erlöst*.

Der Engel trat nun etwas nach vorne und legte seine Hand auf ein fast vier Meter hohes Tor, das ich erst jetzt bemerkte. Das Tor war eine einzige große Fläche schillernden Perlmutts. Türklinken gab es keine ... Man konnte jedoch durch das Perlmutt hindurch ins Innere sehen. Ich konnte es kaum mehr erwarten, einzutreten.

Als der Engel nach vorne trat und seine Hand auf das Tor legte, bildete sich in der Mitte des Perlmutts eine Öffnung, die immer größer und tiefer wurde, so als löse sich das lichtdurchlässige Material langsam auf. Im Inneren sah ich dann eine Straße, die golden leuchtete und von Wasser oder auch Glas überzogen war. Als nächstes sah ich dann so etwas wie ein gelbes Licht, das in den Augen blendete. Ich konnte niemanden erkennen und doch sah ich eine Person. Plötzlich wußte ich, daß das Licht Jesus war und daß auch die Person Jesus war.

Ich mußte mich nicht bewegen. Das Licht war überall um mich herum und wärmte mich wie die Sonne; mein Körper leuchtete. Alles an mir sog das Licht förmlich in sich auf. Ich badete regelrecht in den Strahlen dieser kraftvollen, allesdurchdringenden und liebenden Energie.

Der Engel sah mich an und fragte mich in Gedanken: *Möchtest du zu ihnen hineingehen?* Nichts wünschte ich mir mehr, als einzutreten, und doch zögerte ich. Hatte ich eine Wahl? Dann erinnerte ich mich an die Stimme meines Vaters. Vielleicht sollte ich zurückgehen und ihn suchen.

»Ich würde gerne noch etwas hierbleiben und mitsingen. Dann möchte ich jedoch wieder den Hügel hinuntergehen«, antwortete ich schließlich. Ich wollte noch etwas sagen. Aber es war zu spät.

Die Tore verschmolzen erneut zu einer einzigen großen Fläche schillernden Perlmutts, und wir gingen wieder den wunderschönen Hügel hinunter. Dieses Mal war die edelsteinbekränzte Mauer zu meiner Linken, und der Engel ging zu meiner Rechten.

Unten angekommen, ging ich langsamer und hielt schließlich inne ... Ich lag nun wieder in meinem Bett im Krankenhaus, und hell erleuchtete Buchstaben bahnten sich ihren Weg vom Fenster quer durch das Zimmer bis hin zu meinem Bett. Es war ein Zitat aus der Bibel: *Ich bin die Auferstehung und das Leben; wer an mich glaubt, wird leben, auch wenn er stirbt.*

Diese Worte waren so lebendig, daß sie regelrecht in der Luft pulsierten. Ich wußte, daß ich diese Worte des Lebens berühren mußte. Ich wollte nach ihnen greifen und warf das Bettuch von meinem Kopf. Und genau in diesem Moment wurde das Wort Gottes im wahrsten Sinne des Wortes lebendig in mir. Die Wärme der tänzelnden Buchstaben floß in meine Finger und durch meine Arme. Ich setzte mich auf! ...

Völlig schockiert starrte mich mein Vater an ... Er war zu verblüfft und erschrocken, um zu schreien, mich in den Arm zu nehmen oder vor Freude weinen zu können. Statt dessen stand er wie angewurzelt stumm da – völlig überwältigt von dieser großen und majestätischen Tat Gottes ...

Die Krankenschwestern wollten mir wieder Schläuche legen, aber ich schüttelte den Kopf. »Ich bin sicher, daß ich keine mehr brauche. Ich habe Hunger. Sagen Sie bitte Dr. Bherne, daß ich jetzt gerne etwas Richtiges essen möchte.«

Viel war nicht mehr von mir übrig – ein ausgemergeltes, gelblich grünes Gesicht und das hautüberzogenes Skelett eines Körpers, der gerade einmal vierzig Kilo wog. Aber ich lebte – und wie ich lebte!

»Die Stadt braucht weder Sonne noch Mond, die ihr leuchten. Denn die Herrlichkeit Gottes erleuchtet sie, und ihre Leuchte ist das Lamm. Die Völker werden in diesem Licht einhergehen, und die Könige der Erde werden ihre Pracht in die Stadt bringen.«

(Offenbarung 21,23-24)

Kapitel 3

... und machet zu Jüngern ...

Die Warnung an Paulus in Jerusalem

Saulus, der sich nach seiner Bekehrung Paulus nannte, sah Jesus in einer dramatischen Vision, die in Apostelgeschichte 9 aufgezeichnet ist. Auch später sprach der Herr noch des öfteren auf solch dramatische und übernatürliche Weise zu Paulus.

»Als ich dann später nach Jerusalem zurückgekehrt war und im Tempel betete, da geriet ich in eine Verzückung. Und ich sah ihn, wie er zu mir sagte: Beeile dich, verlasse sofort Jerusalem; denn sie werden dein Zeugnis über mich nicht annehmen. Da sagte ich: Herr, sie wissen doch, daß ich es war, der deine Gläubigen ins Gefängnis werfen und in den Synagogen auspeitschen ließ. Auch als das Blut deines Zeugen Stephanus vergossen wurde, stand ich dabei; ich stimmte zu und paßte auf die Kleider derer auf, die ihn umbrachten. Aber er sagte zu mir: Brich auf, denn ich will dich in die Ferne zu den Heiden senden.« *(Apostelgeschichte 22,17-21)*

Die Felder sind weiß zur Ernte
Lillian Wiley

Lillian Wiley, die Frau des verstorbenen Dr. Kenneth
Wiley, war Bibellehrerin und Präsidentin des Women
Aglow Chapters in Oak Park, Illinois.

Mehrere Jahre lang hatte Jesus zu mir gesprochen und gesagt:
»Die Felder sind weiß zur Ernte, aber der Arbeiter sind wenige.«
Immer und immer wieder zeigte er mir weiße Erntefelder der
Ernte. Nachts wachte ich auf, blickte in die Dunkelheit meines
Zimmers und sah die hell leuchtenden weißen Buchstaben: *Die
Felder sind weiß zur Ernte.*

Wir wohnten am Fuße der San Gabriel Berge in San Dimas,
Kalifornien. Eines Morgens, als ich zur Arbeit fuhr, hatte ich
eine Vision. Ich sah Jesus in diesen Bergen. Ich sah ihn auf einem
hohen Berg stehen und über das weite Tal blicken. Jesus schwebte über Mount Baldy, einem mehr als 2400 Meter hohen Berg
dieser Bergkette. Im Tal befinden sich viele Städte und Tausende
von Häusern. Jesus hatte seine Arme über dieses riesige Gebiet
ausgebreitet und sah traurig aus. Er wandte sich mir zu und fragte
mich: »Wo sind meine Arbeiter?«

Zu seiner Rechten sah ich eine große weiße Uhr mit schwarzer Umrandung, schwarzen Ziffern und schwarzen Zeigern. Auf
der Uhr war es fünf vor Zwölf. Wieder wandte er sich zu mir –
Tränen liefen ihm über das Gesicht –, und er sagte: »Der Arbeiter
sind so wenige!«

Diese Vision hatte ich vor vielen Jahren, und *noch immer* höre ich die Worte: *Die Felder sind weiß zur Ernte, aber der Arbeiter sind wenige.* Und ich höre den Satz: »Die Ernte ist vorüber, der Herbst ist vorbei, uns aber ist nicht geholfen worden« (Jeremia 8,20).

In den folgenden Jahre hatte ich mehrere Visionen von Jesus, und eine kam immer wieder – während eines intensiven Gebetes, manchmal wenn ich alleine war, manchmal auch in einer Gruppe. Aber es war immer dieselbe.

Jesus kommt plötzlich in einem Wolkenwirbel vom Himmel. Es sieht so aus, als folge ihm ein großer Sturm. Aber ich spüre keinen Wind. Sein langes Gewand ist aufgeplustert und flattert um seine Füße.

Er kommt so zielstrebig und überraschend vom Himmel herunter, daß es fast erschreckend ist, aber dennoch kann ich meine Augen nicht abwenden. seine Augen sehen geradeaus, so als blicke er direkt auf das, was nicht in Ordnung ist. Diese Augen sind durchbohrend und durchdringend und erfüllen mich mit Ehrfurcht.

Wie ein Blitz kommt er herab und schwebt dann oberhalb einer betenden Person oder einer betenden Gruppe. Und dann ist er wieder weg!

»Er sagte zu ihnen: Die Ernte ist groß, aber es gibt nur wenig Arbeiter. Bittet also den Herrn der Ernte, Arbeiter für seine Ernte auszusenden.«

(Lukas 10,2)

Himmlische Heerscharen
General William Booth

William Booth (1829-1912), der in England geborene Begründer und erster General der Heilsarmee, war schon in jungen Jahren zum Glauben gekommen. Eines Tages hatte er eine Vision, in der ihm bewaffnete himmlische Heerscharen erschienen. Von diesem Tag an nahm er sich der Not und des Elends der unteren Klassen Englands an und setzte sich für die Armen und Obdachlosen ein. Booth, der zuerst auf der Straße gepredigt hatte und später ein ordinierter Prediger der Methodistenkirche wurde, hielt durchschnittlich zwei Predigten am Tag – und das bis kurz vor seinem Tod. 1890 veröffentlichte er sein großes Buch »In Darkest England, And The Way Out«.

Welch ein Anblick! Dafür lohnte es, sich sein Leben lang abzumühen! Neben dem König saßen die Patriarchen und Apostel früherer Zeiten, und daneben sah man in vielen Reihen die heiligen Märtyrer, die für ihn in den Tod gegangen waren. Dann folgte eine Armee von Kriegern, die für ihn auf der ganzen Welt gekämpft hatten; und überall – oben, unten, rechts und links – sah ich Myriaden von Geistern, von denen man noch nie etwas gehört hatte, die jedoch mit nahezu selbstlosem Eifer und schier unermüdlicher Kraft daran gearbeitet hatten, das Königreich Gottes zu vergrößern und die Seelen von Menschen zu retten.

Um diese wunderschöne Szene schwebten leuchtende, engelsgleiche Wesen – stolz, so schien es, den Erretteten der Welt Glück und Freude bringen zu dürfen.

Der Anblick verwirrte mich. Die Gesänge, die Musik und die lauten Ausrufe der Heerscharen erschienen mir wie das tosende Donnern von tausend Wasserfällen, kamen wie das Echo immer wieder zurück und bahnten sich ihren Weg durch die von dieser Herrlichkeit hell erleuchteten Berge; und die riesige, faszinierende Armee fröhlicher Geister erfüllte meine Sinne mit leidenschaftlicher Begeisterung.

Dann wandte sich der König zu William Booth, der bis zu diesem Zeitpunkt das gemächliche Leben eines »bekennenden« Christen gelebt hatte:

»Du bemerktest sicherlich die Ungleichheit zwischen dir und jenen, die – einst meine Begleiter in der Not, jetzt meine Begleiter in der Herrlichkeit – ihr Leben für MICH ließen, um mir Ehre zu erweisen und den Menschen das Heil zu bringen.« Daraufhin sah er die Apostel, die Märtyrer und die Krieger, die sich um ihn geschart hatten, bewundernd an.

Wie Jesus sie angesehen hatte! Ich fühlte, daß dieser liebende Blick der Anerkennung es wert war, hundert Tode auf dem Scheiterhaufen zu sterben, daß er es wert war, sich von wilden Bestien in Stücke reißen zu lassen. Die Engel fühlten es auch, denn sogleich erschütterte ihr donnernder Lobgesang den Himmel sowie die Erde, auf der ich lag.

Dann richtete der König erneut seine Augen auf mich. Ich wünschte mir, die Berge möchten auf mich fallen und mich für immer von ihm und seiner Gegenwart trennen! Aber mein Wünschen war vergebens. Eine unsichtbare und unwiderstehliche Macht zwang mich aufzusehen, und meine Augen trafen erneut die seinen. Ich hörte, vielmehr, ich spürte, wie er zu mir in Worten sprach, die sich wie Feuer in mein Gedächtnis brannten. »Geh zurück auf die Erde. Ich werde dir eine zweite Chance geben. Beweise, daß du es wert bist, MEINEN Namen zu tragen. Zeige der Welt, daß du MEINEN Geist besitzt, indem du meine

Werke tust und in meinem Namen zu einem Retter von Menschen wirst.«

» Wenn die Schlacht dann beendet ist, wirst du wieder hierher (in den Himmel) kommen und deinen Platz in meinem Siegeszug einnehmen und an meiner Herrlichkeit teilhaben.«

»Zu allen sagte er: Wer mein Jünger sein will, der verleugne sich selbst, nehme täglich ein Kreuz auf sich und folge mir nach. Denn wer sein Leben retten will, wird es verlieren; wer aber sein Leben um meinetwillen verliert, der wird es retten. Was nützt es einem Menschen, wenn er die ganze Welt gewinnt, dabei aber sich selbst verliert und Schaden nimmt? Denn wer sich meiner und meiner Worte schämt, dessen wird sich der Menschensohn schämen, wenn er in seiner Hoheit kommt und in der Hoheit des Vaters und der heiligen Engel.«

(Lukas 9,23-26)

Die heilige Aleyde
Fr. M. Raymond

In der Mitte des dreizehnten Jahrhunderts trat Schwester Aleyde im Alter von sieben Jahren in den Orden von La Chambre bei Brüssel ein. Nach vielen Jahren hingebungsvollen Dienstes im Orden wurde Aleyde sehr krank. Der Arzt eröffnete ihr, daß sie Lepra hatte und daß sie von nun an in einer abgeschlossenen Zelle leben müßte.

Aleyde war erstaunt, als sie hörte, daß sie Lepra hatte, und beobachtete daraufhin ihre Umgebung mit wachem Blick. Sie sah die Angst in den Augen der anderen; sie bemerkte, daß sogar die Mutigsten unter ihnen vor ihr zurückwichen und daß manche ihr sogar ganz aus dem Weg gingen. Das alles verwirrte Aleyde, aber sie versuchte dennoch, höflich und nachsichtig über ihre Mitschwestern zu denken. Aber sie war Mensch genug, um von solch ablehnendem Verhalten verletzt werden zu können ...

Die Zelle wurde errichtet, und die kleine Nonne wurde hineingeführt. Sie betrat die Zelle mit einem Lächeln auf ihrem etwas entstellten Gesicht und hielt ihr Versprechen: Sie hatte keine Angst. Und Jesus, der sich weder dem Glauben dieser Leprakranken verschließen konnte, die sich vor ihm zu Boden warf und sagte: »Herr, wenn du willst ...«, noch den herzzerreißenden Bitten derjenigen, die ihn um »Gnade, Herr! Gnade ...« anflehten, war von dem Vertrauen dieser belgischen Nonne so gerührt, daß er ihr selbst erschien und lächelnd sagte:

»Aleyde, dir wird nichts mangeln, ich werde dein Kellermeister sein.«

Gemäß der Regel des heiligen Benedikt war der Kellermeister derjenige, der die Brüder mit allem zu versorgen hatte, was sie benötigten. Deshalb wußte die kleine Nonne auch, daß Jesus ihr etwas geschenkt hatte, das wertvoller war als ein Heilmittel, das sie wieder gesund machen konnte ...

Aleyde hatte darauf bestanden, daß sie in der Nacht vor dem Ostersonntag um Mitternacht geweckt wurde, damit sie an der Auferstehungsfeier teilnehmen konnte. Die heldenhafte Schwester, die sich um Aleyde kümmerte, weckte sie daraufhin wie gewünscht um Mitternacht und half ihr zu ihrem Betpult. Durch die offenen Kirchenfenster drang der fröhliche Gesang der österlichen Hallelujas in ihre winzige Zelle.

Der Gottesdienst ging weiter, und als die Lesungen gesungen wurden, bemerkte die Mitschwester, daß die Leprakranke ihre Haltung an dem Betpult verändert hatte. Das war ungewöhnlich, denn Aleydes Knie waren wund und entzündet und taten so weh, daß ihr selbst die kleinste Bewegung qualvolle Schmerzen bereitete. Plötzlich hörte man den Wechselgesang des Surrexit Dominus de Sepulchro. Aleydes Augen, glühend leuchtend in den eingesunkenen Augenhöhlen, wurden immer größer.

Die Mitschwester folgte Aleydes Blick und sah, wie sich der Himmel über ihnen wie ein großer Vorhang auftat und weißes Licht, wie aus einem glühenden Feuerofen, auf das Ordensgelände und jedes einzelne Gebäude hell hinabstrahlte. Die Mitschwester schrie erschrocken auf. Aleyde deutete ihr mit einer beruhigen Geste der rechten Hand an, daß sie keine Angst haben mußte. Dann versank die Zelle in einem Strudel himmlischen Lichts, und plötzlich verstand die Mitschwester das Mysterium, von dem der Weschselgesang handelte. Christus, der Auferstandene und Verherrlichte, war zu jemandem gekommen, der nicht nur äußerlich, sondern auch innerlich weiß war wie Schnee.

Im Verlauf des Osterwochenendes wurde Aleydes Zustand immer alarmierender. Jedesmal, wenn sie die Schmerzen laut aufschreien ließen, litt ihre Mitschwester tief mit ihr.

»Schwester«, sagte sie, »ich habe oft gehört, wie du die Länge deines Exils beklagt hast. Ich weiß, daß du dich nach dem Himmel sehnst. Und ich weiß, wie sehr du leidest. Schwester, als ich den ersten Tag zu dir kam, hast du etwas zu mir gesagt. Bitte sag', daß das nicht wahr ist. Bitte sag', daß ich nicht vor dir sterben werde; sag', daß du nicht noch mehr leiden mußt.«

Aleyde sah ihre Mitschwester, die ihr soviel Mitgefühl entgegenbrachte, dankbar an, antwortete ihr jedoch nicht. Erst später an diesem Tag wandte sie sich der Schwester zu und sagte: »Liebe Schwester! Was ich damals zu dir sagte, ist wahr. Du wirst vor mir sterben, und du wirst zu Gott gehen. Dann mußt du mir noch mehr helfen als jetzt, denn Jesus hat mir gesagt, daß das Leiden der letzten Jahre nichts ist, verglichen mit dem, was ich noch zu leiden habe.«

»Nein!« schrie ihre Mitschwester. »Wie kann das sein?! Wie kann Gott soviel verlangen?!«

Aleyde lächelte. Sie konnte nur noch mit den Augen lächeln – so weit war die Lepra schon fortgeschritten.

»Und da kannst du noch immer lächeln?!« rief ihre Mitschwester aus.

»Es ist ein Glück«, antwortete die Leprakranke. »Es ist ein großes Glück, Gott dienen zu dürfen. Jesus hat mir gesagt, daß es einige Seelen gibt, die nicht gerettet werden können – nicht gerettet werden können, wenn ich nicht leide. Deshalb macht es mir auch nichts aus, daß du vor mir gehst. Ich freue mich, daß ich Jesus mit meinem Körper dienen kann. Aber vergiß nicht, was ich dir sagte. Wenn du im Himmel bist, mußt du mir helfen. Ich mag nämlich keine Schmerzen!«

»Jetzt freue ich mich in den Leiden, die ich für euch ertrage. Für den Leib Christi, die Kirche, ergänze ich in meinem irdischen Leben das, was an den Leiden Christi noch fehlt.«

(Kolosser 1,24)

Verschiedene Welten
Dharam Singh

Dharam Singh sagte einmal:»Ich wurde als Hindu
geboren und hatte auch vor, als Hindu zu sterben –
bis ich Jesus kennenlernte und ihm erlaubte, mich zu
verändern.«

Mein Urururugroßvater ist von Ostindien auf die Fiji-Inseln
gekommen. Und mit ihm kamen auch eine jahrhundertealte
Kultur, jahrhundertealte Bräuche und die Religion des Hinduismus. Mein Vater war ein Hindupriester und erwartete von seinem Sohn, daß dieser später einmal in seine Fußstapfen treten
sollte. So verlief meine Kindheit auf den Fiji-Inseln streng
gemäß hinduistischer Tradition.

Meine Mutter war eine Sonnenanbeterin und ich auch –
allerdings nur bis zu meinem ersten Jahr auf der High School.
Im Erdkundeunterricht erzählte uns der Lehrer etwas über die
Sonne, und als ich im Wörterbuch nachlas, stand dort lediglich,
daß die Sonne eine große Konzentration von Masse im Weltall
ist.

Als ich an jenem Nachmittag von der Schule nach Hause
ging, sah ich zur Sonne hinauf und erkannte zum ersten Mal, daß
sie kein Gott war.

»Sonne«, sagte ich,»du bist nur eine Sonne und nicht mein
Gott. Von heute an werde ich dich nicht mehr anbeten.«

Ich beschäftigte mich mit anderen fernöstlichen Religionen, insbesondere dem Buddhismus und dem Islam. Als Kind hatte ich auch des öfteren Zeugnisse von Christen gehört, aber ich lehnte stets alles ab, was sie sagten, und wenn mir jemand einen Artikel oder ein Traktat über das Christentum zu lesen gab, verbrannte ich diese sofort. Irgend etwas in mir wollte Jesus nicht kennen – und dennoch glaube ich, daß er damals die ganze Zeit seine Hand über mich gehalten hatte.

Nachdem ich die beste Ausbildung genossen hatte, die das staatliche Bildungssystem der Fiji-Inseln zu bieten hatte, emigrierte ich 1959 nach Kanada, um dort Medizin zu studieren. Da ich jedoch zunächst etwas Geld für das Studium verdienen mußte, nahm ich einen Job in einem Holzfällercamp an.

Ich fing an zu trinken, wurde alkoholabhängig und verlor alle Selbstachtung. Und als ich erkannte, daß ich nie mehr die Universität besuchen würde, versank ich in eine tiefe Depression ...

Dann traf ich Nydia, eine wunderschöne Lehrerin von den Philippinen. Wir heirateten, und während unserer Flitterwochen in New York City besuchte ich zum ersten Mal in meinem Leben eine christliche Kirche. Dort nahm ich ein Traktat mit, in dem stand, daß im Hinduismus Kühe, Affen und Elefanten verehrt wurden. Das machte mich wütend.

Obwohl ich zu diesem Zeitpunkt das Holzfällercamp schon verlassen hatte, behielt ich doch meinen alten Lebensstil bei und zog Nydia mit in die Tiefe. Doch plötzlich fing Nydia an, sich sehr seltsam zu verhalten. Das Leben mit ihr wurde angenehmer. Sie regte sich nicht mehr über mich auf, egal, wie betrunken ich auch nach Hause kam. Auf der Suche nach etwas, das sich die Taufe im Heiligen Geist nannte, war sie in eine Pfingstgemeinde gegangen, hatte ihr Leben Jesus übergeben und war dann »vom Heiligen Geist erfüllt worden «.

Eines Tages im Jahre 1971 kam dann der Pastor der Kirche, die Nydia besuchte, zu uns nach Hause. »Dharam«, sagte er zu mir, »du brauchst Jesus.«

»Ich wurde als Hindu geboren und werde auch als Hindu
sterben. Ich habe so viel Alkohol, wie ich brauche. Es geht mir
gut. Ich bin glücklich, und ich brauche deinen Gott nicht. Dein
Jesus interessiert mich nicht!«

Danach hat er nie mehr versucht, mich zu missionieren,
sondern hat mir Jesus in seinem Leben gezeigt. Überraschender-
weise wurden wir die besten Freunde. Und irgendwann später,
als er mich dann zu einem Gottesdienst in seiner Kirche einlud,
willigte ich ein zu kommen.

Ich ging dann noch öfters in die Kirche, und eines Sonntagmorgens während des Gottesdienstes wurde ich urplötzlich aus
meinem üblichen Schlaf gerissen. Ein Mann mit einem freudig
leuchteten Gesicht sprach laut in einer mir unbekannten Sprache.

Als er geendet und sich wieder gesetzt hatte, stand ein zweiter
auf, um die Rede des anderen auszulegen. Es ging um den
Heiligen Geist, der die Gemeinde ermutigen wollte.

Ich war erstaunt. Im Hinduismus hatte ich auch »Wunder«
gesehen – Menschen, die durch das Feuer gingen und Dinge von
mehr als einer Tonne Gewicht in die Höhe stemmten. Ich wußte,
daß es Geister gab, aber ich hatte nicht gewußt, daß es auch im
Christentum einen »Geist« gab.

Später an diesem Tag ging dann die Frau des Predigers das
zweite Kapitel der Apostelgeschichte mit mir durch und erzählte
mir von den Gaben des Heiligen Geistes an die Gemeinde.

Eines Abends fing ich dann an, ihn anzubeten. Ich spürte, wie
die Kraft seiner Liebe meinen ganzen Körper umhüllte. Ich
fragte ihn: »Gibt es den Himmel wirklich? Und bin ich wirklich
gerettet?« Der Herr zeigte mir in einer Vision die Tore des
Himmels und das Buch des Lebens, und als ich dem Pastor von
dieser Vision erzählte, bestätigte er mir, daß es Dinge waren, die
auch in der Bibel vorkamen.

Dann suchte ich ernsthafter den Herrn und bat um eine
Aufgabe für mich. Eines Abends beim Beten hatte ich dann eine
Vision von Jesus. Er schwebte in der Luft und hatte seine Hände

ausgebreitet. Millionen von Menschen liefen auf ihn zu; egal, wohin ich sah, überall waren Menschen. Da sprach der Heilige Geist zu mir: »Du wirst ein Seelengewinner für mich sein.«

Von diesem Tag an wurde das Wort Gottes lebendig in mir, und überall, wohin ich gehe, gewinne ich Menschen für Jesus.

Ich erkläre euch, Brüder: Das Evangelium, das ich verkündigt habe, stammt nicht von Menschen; ich habe es ja nicht von einem Menschen übernommen oder gelernt, sondern durch die Offenbarung Jesu Chrisi empfangen. Ihr habt doch gehört, wie ich früher als gesetzestreuer Jude gelebt habe, und wißt, wie maßlos ich die Kirche Gottes verfolgte und zu vernichten suchte. In der Treue zum jüdischen Gesetz übertraf ich die meisten Altersgenossen in meinem Volk, und mit dem größten Eifer setzte ich mich für die Überlieferungen meiner Väter ein. Als aber Gott, der mich schon im Mutterleib auserwählt und durch seine Gnade berufen hat, mir in seiner Güte seinen Sohn offenbarte, damit ich ihn unter den Heiden verkündige, da zog ich keinen Menschen zu Rate; ich ging auch nicht sogleich nach Jerusalem hinauf zu denen, die vor mir Apostel waren, sondern zog nach Arabien und kehrte dann wieder nach Damaskus zurück.

(Galater 1,11-17)

Du erhebst meine Seele
Charles G. Finney

Von 1857 bis 1858 begleitete der Herr Charles G.
Finney dabei, mehr als einhunderttausend Menschen
für Jesus zu gewinnen. Der Heilige Geist beeindruckte diese Menschen mit der Notwendigkeit eines heiligen Lebens so stark, daß er langanhaltende Resul-
tate erzielte. 85 Prozent der Menschen, die sich nach
einer Zusammenkunft mit Finney bekehrten, blieben
Gott treu. Dieser Bericht erzählt von Charles G. Fin-
neys erster Erfahrung mit Gott. Er und Squire Wright
zogen gerade um und brachten Bücher und Mobiliar
von einem Büro in ein anderes ...

Alles in mir war still. Sanfte Lieblichkeit und Zärtlichkeit durch-
drangen meine Gedanken und Gefühle. Alles schien gut zu sein,
und nichts störte oder beunruhigte mich ...
   An jenem Abend dachte ich, daß ich, sobald ich alleine in
dem neuen Büro war, wieder versuchen würde zu beten – daß
ich meinen Glauben auf gar keinen Fall aufgeben wollte ... Als
wir dann alles Mobiliar in das neue Büro gebracht hatten und
die Dunkelheit langsam hereinbrach. verabschiedete sich Squire
W–. Und als ich dann die Tür hinter ihm schloß und mich
umdrehte, war mir ganz warm ums Herz. All meine Gefühle
schienen in mir aufzusteigen und sich einen Weg in die Freiheit
bahnen zu wollen; und ich dachte:»Ich möchte mein Herz vor

Gott ausschütten.« Meine Seele war so bewegt, daß ich in einen der hinteren Büroräume ging, um dort zu beten.

In diesem Raum gab es weder Feuer noch Licht, und dennoch erschien es mir, als sei er hell erleuchtet. Als ich den Raum betrat und dann die Tür hinter mir schloß, meinte ich, den Herrn Jesus Christus vor mir stehen zu sehen. Es kam mir damals – und auch noch eine geraume Zeit später – nicht in den Sinn, daß sich dies alles nur in meinem Geist abgespielt haben könnte. Ganz im Gegenteil. Ich bin fest davon überzeugt, ihn genauso gesehen zu haben, wie ich auch jeden anderen Menschen gesehen hätte. Er sagte nichts, sondern sah mich nur auf eine Weise an, die mich vor ihm auf die Knie fallen ließ. Für mich ist dieser Zustand, in dem ich mich damals befand, noch immer etwas Besonderes, da ich wirklich meine, daß er vor mir stand, ich vor ihm auf die Knie fiel und ihm mein Herz ausschüttete. Ich weinte wie ein Kind und bekannte ihm meine Sünden, soweit es meine tränenerstickte Stimme zuließ. Es schien mir, als strömten meine Tränen nur so über seine Füße; und dennoch könnte ich mich nicht daran erinnern, ihn berührt zu haben.

In diesem Zustand muß ich mich noch eine ganze Weile befunden haben; aber ich war zu sehr von all dem überwältigt, daß ich mich gar nicht mehr daran erinnern kann, was ich sagte. Als ich mich dann jedoch wieder einigermaßen beruhigt hatte, ging ich zurück in das vordere Büro und stellte dort fest, daß das große Holzfeuer, das ich vorher angemacht hatte, nun schon fast niedergebrannt war. Als ich mich dann jedoch umwandte und mich vor das Feuer setzen wollte, empfing ich eine überwältigende Geistestaufe – und zwar, ohne je auf diese gewartet zu haben und ohne zu wissen, daß es so etwas überhaupt gab –, in der der Heilige Geist zu mir in einer Art und Weise herabkam, die mir durch Leib und Seele ging. Es war wie ein Stromschlag, der mir durch und durch ging. Wellen der Liebe überfluteten mich wie der Atem Gottes. Ich kann mich ganz genau daran erinnern, wie das Feuer in mir angefacht wurde wie durch riesige Flügel.

Diese wundervolle Liebe, die in mein Herz ausgegossen wurde, kann man nicht in Worte fassen. Ich weinte vor Freude und Liebe und ließ dem Sturm in meinem Herzen freien Lauf. Die Wellen schlugen über mir zusammen, eine nach der anderen, bis ich schließlich laut schrie:»Herr, ich kann nicht mehr ertragen!«

»Als der Hauptmann, der Jesus gegenüberstand, ihn auf diese Weise sterben sah, sagte er: Wahrhaftig, dieser Mensch war Gottes Sohn.«

(Markus 15,39)

Der Auftrag
Alem-la Meren

1976 nahmen Alem-la Meren und ihr Mann, Pastor Alem Meren, an einer Erweckungsversammlung in dem Dorf Chuchuyimlong in Nagaland, Indien, teil. Als das Treffen dann zu Ende war und die Versammlung sich langsam auflöste, gesellten sie sich zu einer kleinen Gruppe von Gläubigen, um mit diesen zusammen dem Herrn dafür zu danken, daß er während dieses Treffens seinen Segen so reichlich über seine Gemeinde ausgegossen hatte. Alem-la erzählte diese Geschichte in der Naga-Sprache, während Pastor Alem als Dolmetscher fungierte. In gebrochenem Englisch sprach er sehr langsam und mit großer Ehr-

furcht – so als hörte er diese Geschichte selbst zum
ersten Mal.

Plötzlich erschien ein Mann. Er war anders als die Männer, die
ich kannte. Er war sehr schön. Sein Gesicht war auch anders. So
einen Mann hatte ich noch nie gesehen. Nicht einmal in Zeit-
schriften. Wer war er? Ich war sehr überrascht.

Zuerst dachte ich, daß sein Gewand glänzte. Dann erkannte
ich jedoch, daß eine Mischung aus grünem, weißem und roafar-
benem Licht seinem Körper entströmte. Seinen ganzen Körper
konnte ich nicht sehen – ich sah ihn lediglich von der Hüfte
aufwärts. Während ich mich noch fragte, wer er war, tauchte
plötzlich ein Kreuz auf. Er lehnte sich an das Kreuz, so als
bekräftige er damit, daß er Jesus war.

Ich fragte ihn: »Wenn Du wirklich Jesus bist, dann zeige mir
die Male DEINER Hände.«

Er zeigte mir seine Hände, so daß ich die Wunden in seinen
Händen erkennen konnte.

Als ich diese gesehen hatte, wußte ich, daß er wirklich Jesus
war. Er war sehr schön. Sehr schön.

Er strahlte eine überwältigende Demut aus. Und dennoch war
da etwas Seltsames in seinem Gesicht. Etwas, das ich lange Zeit
nicht verstehen konnte. Ich sah Leid und große Enttäuschung.
Viele Tage habe ich darüber nachgedacht. Immer und immer
wieder fragte ich den Herrn, weshalb er so traurig war.

Schließlich antwortete mir der Herr und sprach: »Ich habe
mein Leben für alle Menschen gegeben. Und dennoch kommen
noch so viele Menschen in die Hölle, und viele werden noch
dorthin gehen. Das macht mich traurig. Du bist froh und glücklich, weil du von meinem Geist berührt worden bist. Aber ich
bin nicht glücklich. ich bin traurig, weil so viele Menschen
immer noch in die Hölle gehen!«

Das berührte mein Herz, und meine Augen füllten sich mit
Tränen. Plötzlich spürte auch ich seine Traurigkeit, und ich

beschloß, den Rest meines Lebens in den Dienst Jesu zu stellen und die verlorenen Menschen wieder zu Jesus Christus zu bringen.

»Da trat Jesus auf sie zu und sagte zu ihnen: Mir ist alle Macht gegeben im Himmel und auf der Erde. Darum geht zu allen Völkern, und macht alle Menschen zu meinen Jüngern; tauft sie auf den Namen des Vaters und des Sohnes und des Heiligen Geistes, und lehrt sie, alles zu befolgen, was ich euch geboten habe. Seid gewiß: Ich bin bei euch alle Tage bis zum Ende der Welt.«

(Matthäus 28,18-20)

Kapitel 4

Ergebenheit

Daniel und der Bote des Herrn

605 vor Christus wurde Daniel zusammen mit einigen anderen – »gutaussehenden, klugen und verständigen« – jungen Adligen von Nebuchadnezzar mit nach Babylon genommen. Als jedoch Daniel und einige der anderen ihrem Glauben treu blieben und sich weigerten, den Götzenkult der heidnischen Götter zu übernehmen, belohnte sie Gott mit großer Weisheit und schenkte Daniel die Fähigkeit, Visionen und Träume zu deuten.

»Am vierundzwanzigsten Tag des ersten Monats stand ich am Ufer des großen Flusses, des Tigris. Ich blickte auf und sah, wie ein Mann vor mir stand, der in Leinen gekleidet war und einen Gürtel aus feinstem Gold um die Hüften trug. Sein Körper glich einem Chrysolith, sein Gesicht leuchtete wie ein Blitz, und die Augen waren wie brennende Fackeln. Seine Arme und Beine glänzten wie polierte Bronze. Seine Worte waren wie das Getöse einer großen Menschenmenge.

Nur ich, Daniel, sah diese Erscheinung; die Männer, die bei mir waren, sahen die Erscheinung nicht; doch ein großer Schrecken befiel sie, so daß sie wegliefen und sich versteckten. So blieb ich allein zurück und sah diese gewaltige Erscheinung. Meine Kräfte verließen mich; ich wurde totenbleich und konnte mich nicht mehr aufrecht halten. Ich hörte den Schall seiner Worte; beim Schall seiner Worte fiel ich betäubt zu Boden und blieb, mit dem Gesicht am Boden, liegen. Doch eine Hand faßte mich an und half mir auf Knie und Hände. Dann sagte er zu mir: Daniel, du (von Gott) geliebter Mann, achte auf die Worte, die ich dir zu sagen habe. Stell dich aufrecht hin; denn ich bin jetzt zu dir gesandt. Als er so mit mir redete, erhob ich mich zitternd. Dann sagte er zu mir: Fürchte dich nicht, Daniel! Schon vom ersten Tag an, als du dich um Verständnis bemühtest und dich deswegen vor deinem Gott beugtest, wurden deine Worte gehört, und wegen deiner Worte bin ich gekommen.« *(Daniel 10,4-12)*

Seine offenen Arme
Commander Carl Wilgus

Als junger Marineoffizier fand Commander Carl Wilgus zu einem neuen, freudigen und aufregenden Leben im Glauben. Er selbst sagt: »Die Lebensgeschichte Jesu hatte ich schon viele Male gehört, und ich dachte, ich sei Christ. Eines Sonntag morgens dann im Gottesdienst in einer kleinen Kirche auf dem Land hörte ich sie wieder, und Gott öffnete meine geistigen Augen und Ohren. Ich hatte Jesus an diesem Sonntagmorgen nicht gesucht; aber irgend jemand hatte für mich gebetet, und er suchte mich.«

Am Ende des Gottesdienstes erging die Einladung an die Sünder, ihr Leben Jesus Christus zu übergeben. Ich sah mich in der Gemeinde um und dachte, daß ich genauso gut oder schlecht war wie alle anderen und daß es ja niemand wagen sollte, mich nach vorne zu bitten. Für den Fall, daß dies dennoch passieren sollte, beschloß ich, die Kirche durch die Hintertüre zu verlassen.

Und als niemand mir den Weg zum Heil zeigen konnte, gab mir der Heilige Geist eine persönliche Einladung! Ich spürte die Gegenwart des Herrn so stark, daß ich zu Zittern anfing. Er stellte mich vor die Wahl:»Christus oder Cocktails. Es ist deine Entscheidung. Heute!« Ich konnte seine Einladung, Christus als meinen Erretter anzunehmen, nicht zurückweisen, und so fiel ich vor dem Altar zu Boden, überwältigt davon, daß er sich solche Sorgen um mich machte und auch so viel von mir wußte. Genau in diesem Moment empfand ich einen tiefen Frieden in meinem Herzen, der mich seitdem nicht mehr verlassen hat, selbst in Zeiten der Gefahr und der Versuchung – und solche Zeiten waren nicht selten.

In Gefahr befand ich mich zum Beispiel vor einigen Jahren, als ich mit einer viermotorigen Maschine von einem Flughafen in Florida startete. Damals war ich Leutnant und auch Kapitän des Flugzeugs.

Wir hatten gerade abgehoben, als die Schubdüse einer unserer Motoren explodierte und daraufhin Flammen in den Rumpf des Flugzeugs gelangten, wo sich der Kraftstoff, die Ölleitungen und Öltanks befanden. Wir reduzierten also den Einsatz dieses Triebwerks, flogen mit den drei Motoren weiter und gewannen sogar etwas an Höhe. Da das Flugzeug jedoch sehr schwer war und wir noch weiter steigen mußten, stellten wir den Motor nicht ganz ab. Statt dessen schlossen wir die Drossel und reduzierten die Umdrehungszahl auf ein Minimum.

Während wir noch einige hundert Fuß stiegen, liefen auch die restlichen drei Motoren heiß. Der zweite Motor setzte sogar ganz aus. Der Propeller drehte sich so schnell, daß alle Bolzen der Rumpfspitze mit einem Mal weggerissen wurden. Auf den glühenden Schubdüsen lief Öl zurück, woraufhin das ganze Flugzeug zu brennen anfing. Ich schrie:»Motor Nummer eins auf Segelstellung fahren!« und versuchte zu retten, was noch zu retten ging. Das Flugzeug sank jedoch so schnell, daß wir direkt und unausweichlich auf den Wald unter uns zusteuerten. Zu mir selbst sagte ich: *So werde ich also sterben!* Ich hatte nicht den geringsten Zweifel daran, daß ich meine letzte Meile geflogen war. Und genau in diesem Moment hatte ich eine Vision: Ich sah Jesus, der mit ausgebreiteten Armen vor mir stand und auf mich wartete. Ich erinnerte mich daran, daß mein Name im Buch des Lebens stand – daß ich ein Kind Gottes war. Ein Gefühl unsagbaren Friedens und unermeßlicher Freude durchströmte mich.

Dann sah ich eine weitere Person neben mir stehen. Ich erkannte sofort, daß es der Tod war – aber seine Hände waren hinter seinem Rücken zusammengebunden. Der Tod konnte mir nichts anhaben, und der Herr wartete mit ausgebreiteten Armen auf mich!

Ich schrie laut aus: »Jesus, rette uns!« Und das riesige Flugzeug schwebte über den Wald hinweg, ohne die Wipfel der Bäume zu berühren. Wir stürzten nicht ab. Ich weiß nicht, wie das alles vor sich ging – ich weiß nur, wer uns vor dem Absturz bewahrt hat – Jesus.

Wir waren mittlerweile so tief, daß ich versuchen wollte, das Flugzeug im Ozean, nicht allzuweit vom Ufer entfernt, abzusetzen, seltsamerweise konnte ich jedoch die Höhe und die Geschwindigkeit beibehalten. Wir schwebten über die Wellen dahin, als ich einen stillgelegten Runway sah, der jedoch für große Flugzeuge nicht lang genug war und mittlerweile auch für alle Flugzeuge gesperrt worden war. Wir wendeten kurz und setzten zur Landung an. Am Ende der Rollbahn kamen wir sicher zum Stehen. Unser Gott kann alles!

»Ich suchte den Herrn, und er hat mich erhört, er hat mich allen meinen Ängsten entrissen. Blickt auf zu ihm, so wird euer Gesicht leuchten, und ihr braucht nicht zu erröten. Da ist ein Armer; er rief, und der Herr erhörte ihn. Er half ihm aus all seinen Nöten.«

(Psalm, 34,5-7)

Nicht mein, sondern dein Wille ...
Kent Nylander

Pastor Kent Nylander trat vor mehr als zwanzig Jahren in den Dienst und ist momentan Pastor in der Grace Lutheran Church in Bensenville, Illinois.

Ich bin in der Kirche aufgewachsen. Meine Eltern nahmen mich jeden Sonntag mit in den Gottesdienst. Entschuldigungen gab es da keine. Ich wußte, daß es richtig war, in die Kirche zu gehen, aber in meinem Herzen suchte ich nicht wirklich nach dem Herrn. Unsere Kirche wurde zwar von gläubigen Männern geleitet, aber die einzige Predigt, an die ich mich erinnern kann, hielt ein junger, frisch ordinierter Prediger, der aus unserer Gemeinde stammte und nur einmal kurz auf Besuch bei uns war.

Als ich dann aufs College ging, fing ich an, Fragen zu stellen. Ich war auf der Suche nach der Wahrheit ... wenn die Botschaft des Evangeliums wahr war ... wie konnte es dann sein, daß Christus, der vor zweitausend Jahren gelebt hatte, auch für unsere Generation noch die Kraft des Lebens und des Heils darstellte? Zum ersten Mal in meinem Leben las ich die Bibel ganz allein für mich. Und, obwohl ich mich dem Herrn noch nicht mit meinem ganzen Herzen zugewandt hatte, spürte ich doch seinen ersten Ruf.

Nach dem College ging ich zur Navy, und während der langen Wachen im Feuerleitzentrum des Schiffes las ich weiter in der Bibel. Damals wußte ich schon, daß Jesus mich rief, in den Dienst zu gehen; aber ich hatte andere Pläne für meine Zukunft: Mein größter Traum war es, zu fliegen. Und so machte ich mich nach kurzer Zeit auch schon auf den Weg nach Pensacola, Florida.

Ich war gerne auf der Flugschule, und dort beschloß ich auch, noch zwanzig Jahre lang bei der Navy als Pilot zu bleiben und danach dann Prediger zu werden. Daraufhin entstand ein innerer Kampf in mir – ein Kampf zwischem dem, was ich wollte, und dem, was der Herr wollte. Schließlich ging ich eines Tages in das Verwaltungsgebäude der Schule, um mich wieder abzumelden.

»Nicht mein, sondern dein Wille geschehe.« Damit hatte ich zu kämpfen. Der Herr hatte mir ganz klar gezeigt, daß mir in meinem Leben nichts so viel Freude und Erfüllung bringen würde wie sein Dienst, was sich später auch bewahrheiten sollte. Ich war damals jedoch jemand, der stur seinen Willen durchsetzen wollte.

Und dann, von einer Sekunde auf die andere, war alles anders. Ich träumte, auf dem Gelände der Universität zu stehen, die ich besucht hatte. Oben auf dem Hügel erschien EINER, von Vollmacht hell erleuchtet. Er sagte nichts, sondern bat mich lediglich, zu ihm zu kommen. Ich meinte, vor Freude über diese Offenbarung zerspringen zu müssen.

Einige Augenblicke später fand ich mich dann in der Aula des Hauptgebäudes, in einer der Türen stehend, wieder. Im hinteren Teil des Raumes standen Menschen und unterhielten sich miteinander. In der Mitte des Raumes, alleine auf einem Stuhl und mit gesenktem Kopf, saß Jesus, den ich zuvor schon gesehen hatte. Er schien traurig und einsam zu sein. Ich wußte sofort, daß wir dort in seinem Namen versammelt waren, daß jedoch niemand zu seinen Füßen saß. Ich stand in der Aula und zeigte ihn jedem, der vorbeiging, aber ich selbst ging nicht zu ihm hinein. Diese Vision verstand ich erst einige Zeit später, genauer gesagt, nach drei Jahren im Dienst.

Ich hatte von Jesus gepredigt, ohne ihn jedoch persönlich zu kennen; ich hatte ihm nie wirklich mein Herz geöffnet, ihn nie wirklich eingeladen. Ich hatte ihn repräsentiert, ohne jedoch mit ihm vertraut zu sein, und so hatte ich zwar die Menschen in seinem Namen eingeladen, herumzustehen, jedoch nicht, zu seinen Füßen zu sitzen. Das war das Ergebnis des Kampfes zwischem meinem Willen und dem des Herrn. Als ich mich dann schließlich entschlossen hatte, mein Leben voll und ganz Jesus zu übergeben, ging mir das Lied »Ich habe mich für Jesus entschieden« drei Tage lang nicht mehr aus dem Kopf.

»Sie zogen zusammen weiter, und er kam in ein Dorf. Eine Frau namens Marta nahm ihn freundlich auf. Sie hatte eine Schwester, die Maria hieß. Maria setzte sich dem Herrn zu Füßen und hörte seinen Worten zu. Marta aber war ganz davon in Anspruch genommen, für ihn zu sorgen. Sie kam zu ihm und sagte: Herr, kümmert es dich nicht, daß meine Schwester die ganze Arbeit mir allein überläßt? Sag ihr doch, sie soll mir helfen! Der Herr antwortete: Marta, Marta, du machst dir viele Sorgen und Mühen. Aber nur eines ist notwendig. Maria hat das Bessere gewählt, das soll ihr nicht genommen werden.«

(Lukas 10,38-42)

Ein neues Leben
Dorothy Adams

Dorothy Adams, examinierte Krankenschwester, ist aktives Mitglied der Austin Messiah Lutheran Church in Chicago.

Als ich 1979 in den Westen Chicagos zog, hatte ich keine Ahnung davon, wie sehr sich mein Leben verändern sollte. Als ich beschloß, meine Kinder in die Sonntagsschule zu schicken, fing der Herr an, in meinem Leben zu arbeiten. Meine früheren Erfahrungen mit der Kirche ließen mich jedoch eine eher ablehnende Haltung ihm gegenüber einnehmen. Bald sollte ich dann aber erfahren, daß man Gottes Pläne nicht einfach ignorieren kann.

Da ich drei Kinder hatte und selbst den ganzen Tag in der Schule war, war ich nachts oft bis in die frühen Morgenstunden auf. Und in einer dieser Nächte passierte folgendes:

Vor mir stand Jesus – mitten in der Luft und mit ausgebreiteten Armen. Er rief seine Kinder zu sich. Ich sah mich um und erkannte, daß viele Menschen zu ihm kamen. Ich befand mich außerhalb der Menge und suchte mich selbst unter den Kindern Gottes. Ich suchte stundenlang, konnte mich jedoch nicht finden. Dann verschwand das Bild genauso schnell, wie es erschienen war.

Von diesem Moment an wußte ich, daß mein Leben nie mehr so sein würde, wie es gewesen war. Der Herr hatte mir gezeigt, wo ich stand. Er gab mir die Chance, ein neues Leben zu beginnen, ein ewiges Leben, und mich auf Jesus und dessen Tat am Kreuz zu berufen.

In dieser Nacht las ich die zwei ersten Verse von Psalm 138: »Ich will dir danken aus ganzem Herzen, dir vor den Engeln singen und spielen; ich will mich niederwerfen zu deinem heiligen Tempel hin und deinem Namen danken für deine Huld und Treue. Denn du hast die Worte meines Mundes gehört, deinen Namen und dein Wort über alles verherrlicht.«

›Wie ein Hirt sich um die Tiere seiner Herde kümmert an dem Tag, an dem er mitten unter den Schafen ist die sich verirrt haben, so kümmere ich mich um meine Schafe und hole sie zurück von all den Orten, wohin sie sich am dunklen, düsteren Tag zerstreut haben.«

(Hesekiel 34,12)

Von Ihm überrascht
John Wesley

John Wesley, der Begründer der methodistischen Kirche, kam am 17. Juni 1703 in einem Pfarrhaus in Epworth zur Welt. 1738 kam er während einer Versammlung in der Aldersgate Street in London zum Glauben, wo »mein Herz seltsam erwärmt wurde«. Er reiste ungefähr achttausend Meilen im Jahr zu Pferd durch das Land und hielt selten weniger als

5000 Predigten pro Jahr. Folgender Bericht entstammt einem seiner Tagebücher.

Ich habe mich lange mit Ann Thorne und den zwei anderen unterhalten, die sich schon mehrmals in Verzückung befunden hatten. Die Berichte dieser Menschen stimmte in vielen Punkten überein. Zum einen behaupteten sie alle, daß sie immer dann entrückt worden waren, wie sie es nannten, wenn die Liebe Gottes sie vollkommen erfüllte. Sie alle gerieten ohne die geringste Vorwarnung in eine Verzückung, die sie all ihrer Sinne und Kraft beraubte. Weiterhin stimmten sie darin überein, daß sie sich fast immer in einer anderen Welt wiederfanden und nichts von dem bemerkten, was um sie herum gesagt oder getan wurde.

Um fünf Uhr nachmittags hörte ich sie singen. Und kurz danach kam Mr. Bee zu mir und erzählte mir, daß die fünfzehnjährige Alice Mille in Verzückung sei ... Ich weiß nicht, ob ich je zuvor ein menschliches Gesicht gesehen habe, das so schön wirkte; manchmal zeigte sich auf diesem schönen Gesicht ein Lächeln der Freude, Liebe und Ehrerbietung; und Tränen liefen leise darüber. Ihr Puls war gleichmäßig. Nach einer halben Stunde bemerkte ich, wie sich ihre Gesichtszüge veränderten und Angst, Mitleid und Not widerspiegelten; dann brach sie in endlose Tränen aus und rief:»Lieber Herr, sie werden für immer verdammt sein!« Dann. innerhalb von fünf Minuten, kam ihr Lächeln wieder zurück – ein Lächeln unendlicher Liebe und Freude.

Um sieben Uhr kam sie schließlich wieder zu Bewußtsein. Ich fragte sie:»Wo bist du gewesen?«

»Ich war bei meinem Erretter.«

»Im Himmel oder auf der Erde?«

»Das weiß ich nicht; aber ich war in der Herrlichkeit.«

... Bevor ich Glasgow verließ, hörte ich einen so seltsamen Bericht, daß ich beschloß, diesen von der betreffenden Person selbst zu hören. Es war ein Küster, der sich jedoch lange Zeit keine großen Gedanken über sein Seelenheil gemacht hatte. Ich habe seine Worte niedergeschrieben und überlasse es jetzt jedem selbst, sich sein eigenes Urteil zu bilden.

»Vor vier Monaten ging ich eine Stunde vor Sonnenuntergang hinter der großen Kirche spazieren, und als ich meinen Blick zur Seite wandte, sah ich, daß jemand neben mir stand, mich ansah und mich fragte, wie es mir ging. Ich antwortete: Ganz gut. Und er sagte: Du hattest großen Kummer in letzter Zeit; aber was hast du dagegen getan? Dann erzählte er mir alles, was ich in meinem Leben getan hatte; ja, auch das, was ich in meinem Herzen gedacht hatte, und schließlich fügte er hinzu: Sei bereit für meine zweite Wiederkehr. Dann war er – ich weiß nicht wie – wieder verschwunden. Ich zitterte am ganzen Leib, fühlte mich schwach und sank schließlich zu Boden. Von diesem Moment an litt ich unter der Last der Sünde, bis diese schließlich beim Heiligen Abendmahl von mir genommen wurde.«

»Ich kenne jemand, einen Diener Christi, der vor vierzehn Jahren bis in den dritten Himmel entrückt wurde; ich weiß allerdings nicht, ob es mit dem Leib oder ohne den Leib geschah, nur Gott weiß es. Und ich weiß, daß dieser Mensch in das Paradies entrückt wurde; ob es mit dem Leib oder ohne den Leib geschah, weiß ich nicht, nur Gott weiß es. Er hörte unsagbare Worte, die ein Mensch nicht aussprechen kann.«

(2. Korinther 12,2-4)

»Da ließ die Frau ihren Wasserkrug stehen, eilte in den Ort und sagte zu den Leuten: Kommt her, seht, da ist ein Mann, der mir alles gesagt hat, was ich getan habe: Ist er vielleicht der Messias?«

(Johannes 4,28-29)

Die Frage
John Bunyan

John Bunyan (1628-1688), der Autor des Buches »Pilgrim's Progress«, gehörte der puritanischen Bewegung an, die es für selbstverständlich ansah, für die Dinge einzustehen, an die man glaubte. Während einer Zeit politischer Unruhen ging er lieber zwölf Jahre ins Gefängnis, als seine moralischen Überzeugungen aufzugeben. Als Bunyan zum Glauben kam, war er ein ländlicher Klempner. In seinen Schriften ist die Bibel als Quelle seiner Phantasie stets klar ersichtlich. Als er dann im Alter von 22 Jahren heiratete und seine Tocher blind zur Welt kam, veränderte sich sein Leben schlagartig. Diese große Veränderung vollzog sich an einem Sonntagnachmittag, während er mit Freunden zusammensaß und Spatzeck spielte ...

Plötzlich ertönte eine Stimme vom Himmel in meiner Seele, die zu mir sagte:»Willst du von deinen Sünden lassen und in den Himmel kommen oder deine Sünden behalten und in die Hölle gehen?«Ich war vollkommen verblüfft, ließ mein Spatzeck auf dem Boden liegen und blickte zum Himmel empor. Mir kam es vor, als sähe ich mit meinem inneren Auge den Herrn Jesus Christus zu mir herabschauen. Es schien, als sei er sehr unzufrieden mit mir und als drohe er, mich für diese und andere

gottlose Taten ernstlich zur Rechenschaft zu ziehen und zu
bestrafen.

»Der Herr wird mich allem Bösen entreißen, er wird
mich retten und in sein himmlisches Reich führen.
Ihm sei d‡e Ehre in alle Ewigkeit. Amen.«
(2. Timotheus 4,18)

Die Herrlichkeit Gottes
Frances Hunter

Frances Hunter und ihr Ehemann Charles sind bekannte Schriftsteller und Redner. Diese Geschichte
stammt aus ihrem Buch »*His Power Through You*«.

Genauso wie Jesus damals Paulus auf dessen Weg nach Damaskus erschienen war, so erschien er auch einer Gruppe von
Menschen während unseres Camp-Treffens im Jahre 1983. Diejenigen, die den Gottesdienst damals besuchten, hat dieses Erlebnis verändert. Alles passierte während einer Zeit der Anbetung und des Lobpreises.

Die dramatische Erscheinung wurde von einer großen, strah-
iendweißen Wolke angekündigt, die die Bühne bedeckte, dann
das Campgelände und einer riesigen Gewitterwolke glich. Sogleich spürten wir die Herrlichkeit und Gegenwart Gottes; die
Luft schien voller Elektrizität zu sein. Es herrschte eine fast

greifbare Stille und Heiligkeit. Da die Gegenwart des Herrn Jesus Christus so überwältigend war, waren wir alle so von Ehrfurcht ergriffen, daß wir nicht mehr reden konnten. Nach einigen Momenten verschwand er wieder in der Wolke der Herrlichkeit, und innerlich schrie ich: *Jesus, komm zurück! Komm zurück! Geh' nicht weg!* Er war förmlich in die Herrlichkeit Gottes verschmolzen, so daß wir ihn nicht mehr sehen konnten.

Doch plötzlich, genauso schnell wie er verschwunden war, schien er durch die Wolke der Gegenwart Gottes zurückzukommen, und wir konnten ihn wieder sehen. Unsere Herzen schlugen schneller vor Freude und Aufregung. Die Herrlichkeit diese Momentes war jedoch nur von sehr kurzer Dauer, da er nun wieder in der Herrlichkeit Gottes verschwand. Wieder schrie es in mir: *Geh' nicht weg, Jesus! Geh' nicht weg! Komm' zurück!* Niemand, der Jesus einmal gesehen hat, möchte sich wieder von seiner Gegenwart lösen. Ich wußte, daß er da war, aber ich konnte ihn nicht sehen, weil er sich hinter der Herrlichkeit Gottes befand.

Sein Erscheinen und sein Verschwinden in der Wolke der Herrlichkeit dauerte vielleicht zwölf oder fünfzehn Minuten, und dann sprach Gott zu uns. Er sagte: »So möchte ich, daß auch *ihr* seid. Ich möchte, daß auch ihr so in ihm verborgen seid, daß die Welt nie euch sieht, sondern immer MICH und meine Herrlichkeit.« Gott möchte, daß wir unseren Weg in der Schönheit seiner Heiligkeit gehen. Er ruft den Leib Christi dazu auf, sich ihm so sehr zu verschreiben, daß in unserem Leben nichts wichtiger ist, als so tief »in ihm« verwurzelt zu sein, daß die Welt Jesus in uns sieht.

»Denn die Beschnittenen sind wir, die wir im Geist Gottes dienen und uns in Christus Jesus rühmen und nicht auf irdische Vorzüge vertrauen.«

(Philipper 3,3)

F. B. Meyer und die Schlüssel zum Leben
Dr. Benjamin T. Browne

Dr. F. B. Meyer (1847-1929) war um die Jahrhundertwende einer der bekanntesten Baptistenprediger seiner Zeit und diente in der Londoner Christ Church. Er führte Dwight L. Moody in die englischen Kirchen ein, und so entstand eine lebenslange Freundschaft zwischen ihm und dem amerikanischen Evangelisten. Da er sich in seiner Arbeit vorwiegend auf gesellschaftliche Probleme, auf Abstinenz und Umkehr konzentrierte, war der Weg in die Politik nicht weit. F. B. Meyer schrieb mehrere Bücher, die sich auch heute noch großer Beliebtheit erfreuen.

Dr. F. B. Meyer von der Londoner Christ Church saß eines Tages in seinem Arbeitszimmer und meditierte. Er war beunruhigt, weil sein Dienst nur wenig Früchte hervorzubringen schien und es ihm an geistiger Kraft mangelte. Er befand sich in tiefer geistlicher Not und machte sich große Sorgen.

Doch plötzlich betrat Christus den Raum und stellte sich neben ihn. »Gib mir die Schlüssel deines Leben«, sagte Christus zu ihm. Dieses Erlebnis war anscheinend so eindrucksvoll, daß F. B. Meyer in seine Tasche griff und einen Schlüsselbund hervorholte.

»Sind das hier alle Schlüssel deines Lebens?« fragte Jesus, während er sich die Schlüssel, die er in seinen Händen hielt, genauer betrachtete.

»Ja, Herr«, sagte Meyer, »alle Schlüssel.« Doch dann fiel ihm plötzlich noch etwas ein, und so fügte er hinzu: »Alle Schlüssel zu den Zimmern meines Lebens, bis auf den Schlüssel zu einem ganz kleinen Zimmer.« Es gab also immer noch einen Ort in seinem Leben, von dem er Christus fernhalten wollte.

Daraufhin gab der Herr die Schlüssel wieder an F. B. Meyer zurück und sagte traurig: »Wenn du mir nicht alle Schlüssel zu allen Zimmern deines Lebens anvertrauen kannst, dann will ich sie nicht.« Christus wandte sich zum Gehen.

Meyer erzählte, daß ihn dann plötzlich die Angst befiel, daß sich Jesus aus seinem Leben zurückziehen würde, weil er ihn von einem Bereich seines Lebens ausgeschlossen hatte. Meyer stand auf und bat Jesus: »Komm' zurück zu mir, Herr. Komm' zurück zu mir, und ich werde dir alle Schlüssel meines Lebens geben. Du kannst auch den letzten Schlüssel haben.« Daraufhin wandte sich Jesus wieder F. B. Meyer zu, nahm alle Schlüssel aus Meyers Hand, lächelte ihn an und verschwand.

Dr. Meyer erzählte, daß er von diesem Moment an eine tiefe Verbundenheit Jesus gegenüber empfand und sich ihm daraufhin Quellen der Kraft und des Segens eröffneten, von denen er vorher nicht einmal zu träumen gewagt hätte.

»Euch aber muß es zuerst um sein Reich und um seine Gerechtigkeit gehen; dann wird euch alles andere dazugegeben.«

(Matthäus 6,33)

Kapitel 5

In Zeiten der Not

Hesekiel und Gottes Herrlichkeit

Während sich die Kinder Israels im babylonischen Exil befanden und sich zurück nach Jerusalem und dem Gottesdienst im Tempel sehnten, sah der Prophet Hesekiel in einer Vision das neue Jerusalem der kommenden Welt und den einen, der dort regiert.

»Am fünften Tag des sechsten Monats im sechsten Jahr saß ich in meinem Haus, und die Ältesten von Juda saßen vor mir. Da legte sich die Hand Gottes, des Herrn, auf mich. Und ich sah eine Gestalt, die wie ein Mann aussah. Unterhalb von dem, was wie seine Hüften aussah, war Feuer, und oberhalb von seinen Hüften schien etwas zu leuchten, wie glänzendes Gold. Er streckte etwas aus, das wie eine Hand aussah, und packte mich an meinen Haaren. Und der Geist hob mich empor zwischen Erde und Himmel und brachte mich in einer göttlichen Vision nach Jerusalem, an den Eingang des inneren Nordtors, dorthin, wo das Bild steht, das die Eifersucht (des Herrn) erregt. Dort sah ich die Herrlichkeit des Gottes Israels, wie in der Vision, die ich in der Ebene gesehen hatte.« *(Hesekiel 8,1-4)*

Der Pflüger Gottes
Henry Krause

Der 1972 verstorbene Henry Krause war Präsident der Krause Pfluggesellschaft in Hutchinson, Kansas. Er hatte ein erfolgreiches Unternehmen zur Herstellung von Pflügen aufgebaut und spendete zu seinen Lebzeiten mehr als eine Million Dollar für die Arbeit am Werk Gottes. Er hatte viele Offenbarungen und Visionen von Jesus.

Eines Morgens, als Bruder Krause in seinem Bett saß, erschien ihm der Herr Jesus Christus.

»Er trug ein weißes Gewand und hatte ein rotes Tuch um seine Schultern geschlagen. Seine linke Hand hielt er an seine Brust, und seine rechte Hand streckte er nach mir aus. Er stand vor mir und sah mich mit einem allesdurchdringenden Blick an.

Er sagte kein einziges Wort. Er mußte nichts sagen, denn ich befand mich ja in seiner Gegenwart – in der Gegenwart ›des Wortes Gottes‹, und so strömte ein neues Wissen, Verständnis und logisches Denken auf mich über. Ich war eine vollkommen andere Person. Ich sah jetzt die Menschen mit anderen Augen.«

Daraufhin kam der Herr noch oft in Träumen und Visionen zu Bruder Krause, vor allem dann, wenn sich Probleme abzeichneten. Gott eröffnete ihm dann nicht nur geistliche Weisheiten, sondern half ihm auch in ganz praktischen Dingen. Bruder Krause erzählte zum Beispiel, daß der Herr ihm Ideen für ein neues Design seiner Pflüge und anderer landwirtschaftlicher Geräte geschenkt hatte.

»Erfüll deine Pflicht gegen den Herrn, deinen Gott: Geh auf seinen Wegen, und befolge alle Gebote, Befehle, Satzungen und Anordnungen, die im Gesetz des Mose niedergeschrieben sind. Dann wirst du Erfolg haben bei allem, was du tust, und in allem, was du unternimmst.«

(1. Könige 2,3)

Ich hatte einen Traum
Norma Owak

Norma Owak lebt in Orland Park, Illinois, und besucht die dortige Calvary Reformed Church.

Vor einigen Jahren hatte ich einen Traum. Ich hörte Jesus, der sich im ersten Stock eines kaufhausähnlichen Gebäudes befand und auf einer großen, leeren, unüberdachten Fläche stand.

Aufgeregt lief ich auf ihn zu. Er unterhielt sich gerade mit einem Mann. Als ich mich Jesus näherte, wandte er sich zu mir, so als habe er schon die ganze Zeit auf mich gewartet, und streckte mir seine Hände leicht zur Begrüßung entgegen. Alles, was ich sagen konnte, war: »Jesus, oh, Jesus!« Ich war so überwältigt, daß ich innerlich vor Freude weinte. Ich spürte, daß er *mich* sehen wollte und daß *ich* ihm sehr am Herzen lag. Er war so freundlich und beantwortete all meine Fragen in einer so beruhigenden Art, daß sich meine Probleme in Luft aufzulösen schienen.

Wie sah er aus? Er stach aus der Menge hervor wie kein anderer. Ich fühlte mich zu ihm hingezogen und konnte meine Augen nicht von ihm wenden. Mir fielen auch noch andere Dinge an ihm auf, aber immer wieder zog es mich zu seinen Augen zurück.

Er wirkte anmutig, war groß und hatte ein angenehmes Äußeres. Seine Hände waren groß und schön. Er trug Sandalen und ein Gewand, das in der Mitte zusammengehalten wurde. Es war nicht gewebt, sondern glich weichem, wunderschön glänzendem, frisch gefallenem Schnee und folgte graziös jeder seiner Bewegungen.

Er hatte ein schönes Gesicht. Es war länglich, schmal und sah sehr gesund aus. Sein leicht glänzendes Haar war in der Mitte gescheitelt und wehte ihm ins Gesicht.

Ich mußte ihn einfach lieben. Alles an ihm war Freundlichkeit und Güte. Er nahm alle Sorgen von mir.

»Seid untereinander so gesinnt, wie es dem Leben in Christus Jesus entspricht: Er war Gott gleich, hielt ·aber nicht daran fest, wie Gott zu sein, sondern er entäußerte sich und wurde wie ein Sklave und den Menschen gleich. Sein Leben war das eines Menschen; er erniedrigte sich und war gehorsam bis zum Tod, bis zum Tod am Kreuz. Darum hat ihn Gott über alle erhöht und ihm den Namen verliehen, der größe⁻ ist als alle Namen, damit alle im Himmel, auf der Erde und unter der Erde ihre Knie beugen vor dem Namen Jesu.«

(Philipper 2,5-10)

Die Entführung
Kurt Carlson

Kurt Carlson, ein Reserveoffizier im U.S. Army Corps of Engineers wurde im Juni 1985 zu einem Einsatz in die ägyptische Wüste beordert. Als sein Einsatz dort beendet war und er mit einer Militärmaschine zu seiner Familie nach Hause fliegen wollte, mußte er feststellen, daß der Flug storniert worden war. Daraufhin buchte er den unglückseligen Flug 847 nach Athen, von wo aus er nach Amerika weiterfliegen wollte. Das Flugzeug wurde jedoch gekapert, und seine Pläne wären beinahe zunichte gemacht geworden, wäre es ihm nicht gelungen zu flüchten. Kurt erzählt von einer Vision, die er hatte, als er von den Händen seiner Peiniger große Schmerzen erlitt.

Ich war nie ein großer Kirchgänger gewesen – ich ging einmal zu Ostern, einmal zu Weihnachten und dann vielleicht noch ein paarmal zwischendurch zum Gottesdienst. Christ war ich irgendwie schon, aber kein besonders frommer.

Jetzt war ich eineinhalb Stunden lang getreten und geschlagen worden. Eine 45er Automatik war gegen meine Schläfen gepreßt, und da entdeckte ich Gott.

Der Erpesser sagte unaufhörlich: »Ein Amerikaner muß sterben.« Er meinte mich und gab mir noch zehn Minuten zu leben.

»Lieber Herr«, betete ich, »bitte beschütze Du Cheri und die kleine Meredith, jetzt und auch dann, wenn ich nicht mehr da bin. Bitte sei in ihren Herzen. Schenk' ihnen Liebe, Stärke und Freude. Ich bitte Dich, laß Cheri mich nicht vergessen, aber laß sie eines Tages auch jemand anders kennenlernen, damit Meredith wieder einen Vater hat. Ich liebe sie so sehr, Herr.«

Ich betete und sah plötzlich innerlich Cheri und Meredith vor mir. Einmal waren wir alle zusammen, und dann winkten sie mir wieder zum Abschied zu. Immer wieder sah ich die Szene, als ich am Pool saß, Meredith in meinen Armen hielt und in ihr kleines Gesichtchen sah. Sie glich ihrem Dad.

Dann betete ich für mich selbst. »Lieber Herr, ich spüre, daß Du bei mir bist, und ich bitte Dich, komm Du auch in mein Herz. Herr, bitte vergib mir meine Sünden und bewahre mich vor weiteren Schmerzen. Bitte gib mir Stärke, Herr, damit ich nicht aufgebe.«

Dann hörte ich, wie der Pilot sagte, daß die Frist in fünf Minuten ablaufen würde.

Ich schloß meine Augen und atmete langsamer. Mein Körper fühlte sich taub an, fast gelähmt. Ich spürte, daß ich durch die Verletzungen, die ich erlitten hatte, dem Tod sehr nahe war. Ich bat den Herrn, er solle mich zu sich nehmen, damit ich nicht noch mehr erleiden müßte.

Dann hatte ich eine Vision. Ich sah jemanden auf einem Hügel aus schwarzer, versteinerter Lava stehen. Sein Gewand war bläulich weiß, und sein Gesicht wurde von der Helligkeit überschattet, die ihn umgab. Seine Arme, in sein Gewand gehüllt, hielt er ausgestreckt, so als wolle er mich empfangen. Und dann wurde ich ohnmächtig. Ich weiß nicht, wie lange ich bewußtlos war, ich hatte jegliches Zeitgefühl verloren.

Als ich dann jedoch wieder zu mir kam, dachte ich: *Ich werde es nicht zulassen, daß sie mich umbringen. Ich werde etwas dagegen unternehmen.* Ich hatte noch nie in meinem Leben klein beigegeben und würde es auch heute nicht tun.

»Der Herr ist meine Kraft und mein Schild, mein Herz
vertraut ihm. Mir wurde geholfen. Da jubelte mein
Herz; ich will ihm danken mit meinem Lied.«

(Psalm 28,7)

Das Brot des Lebens
Sue McConnaughay

Diese Vision hatte Sue Connaughay vor einigen Jahren. Damals war sie 26 Jahre alt und Hausfrau in Oak
Park, Illinois. Ihre Lebenssituation beschreibt sie wie
folgt: »Meine Ehe war kaputt, und ich bekam ein
Kind nach dem anderen.« Gott kann jedoch Ehen
retten, und Butch und Sue haben das selbst erlebt.
Kurz vor der Geburt ihres dritten Kindes, nachdem
der Arzt ihr geraten hatte, sich nachmittags immer
etwas auszuruhen, hatte Sue diese Vision.

Ich hatte in meinem Leben ein großes Problem, und dieses große
Problem bestand aus vielen Einzelteilen. Manche Dinge hatte
ich schon ganz gut im Griff, aber es gab noch genügend andere,
mit denen ich noch immer zu kämpfen hatte. Ich war entmutigt.
Hatte ich einmal einen Sieg auf einem Gebiet errungen, zum
Beispiel die Unterordnung unter meinen Mann, machte ich kurz
darauf genau an derselben Stelle denselben Fehler wieder. Ich
wußte nicht, was ich falsch machte.
  Eines Nachmittags dann, nachdem ich über dieses Thema
gebetet hatte und gerade etwas entspannte, sprach der Herr so

deutlich zu mir, daß ich hellwach war! Er sagte: »Sei hungrig nach meinem Wort.« Ich meinte, regelrecht zu schweben, und dann sagte der Herr: »Ich bin das Brot des Lebens.«

Ich sah ihn, wie er vor mir stand und einen Laib Brot auf einem Holzbrett in der Hand hielt. Er gab mir eine Scheibe Brot nach der anderen, aber der Laib wurde nicht kleiner. Ich erkannte, daß er die Antwort auf all meine Probleme war, weil ihm die Antworten und Lösungen nie ausgehen!

Ich war bereit, zu tun, was der Herr von mir verlangte, und dachte, daß er viel von mir verlangen würde. Aber jetzt verbringe ich nur mehr Zeit über der Bibel und mache mir weniger Sorgen um das, was man von mir erwartet.

»Ich suchte den Herrn, und er hat mich erhört, er hat mich all meinen Ängsten entrissen. Blickt auf zu ihm, so wird euer Gesicht leuchten, und ihr braucht nicht zu erröten ... Kostet und seht, wie gütig der Herr ist, wohl dem, der zu ihm sich flüchtet! Fürchtet den Herrn, ihr seine Heiligen; denn wer ihn fürchtet, leidet keinen Mangel.«

(Psalm 34,5-6.9-10)

Von Fehlern und Abwegen
Catherine Marshall

Catherine Marshall schrieb viele großartige Bücher
die zu Bestsellern wurden, wie zum Beispiel »A Man
Called Peter«, »To Live Again«, »Beyond Our
Selves« und »Christy«. Außerdem gab sie auch ver-
schiedene Gebetsbücher und Predigten ihres verstorbenen Mannes, Peter Marshall, heraus.

Es war eine Zeit, in der mich meine Fehler und eigenen falschen
Wege von Gott entfernten. Als ich dann eines Tages in meinem
Wohnzimmer saß und über diese Distanz zu Gott nachdachte,
wurde mir eine wundervolle, tiefe und innere Gotteserfahrung
geschenkt. Ich schlief nicht, also war es kein Traum. Und es war
auch keine überirdische »Vision«. Für mich war es real, so wie
der Stoffüberzug des Stuhls, auf dem ich saß, die warme Flori-
dasonne, die durch das Fenster hereinschien, oder das Trillern
der Spottdrossel auf dem Baum vor meinem Fenster. Plötzlich
spürte ich die Gegenwart Jesu.

»Wir gehen auf eine Reise«, sagte er zu mir.

Dann befanden wir uns in einem sehr, sehr langen Raum, der
einem Thronsaal glich. Auf beiden Seiten des Raumes säumten
Menschenmengen die Wände. Während wir durch den Raum auf
den einen zugingen, ... sah ich in der Menge einige der Menschen, die ich liebte und die schon tot waren: meinen Vater, Peter
Marshall und meinen Enkel Peter Christopher, der jetzt kein

Baby mehr war, sondern schon ein kleiner lieber Junge mit blonden Haaren.

Dann sah ich an mir herab; zu meinem Entsetzen war ich in Lumpen gekleidet – war schmutzig, verfilzt, und meine Kleider waren zerrissen. Als wir vor dem Thron ankamen, wagte ich nicht, nach oben zu sehen. Noch nie in meinem Leben hatte ich mich so geschämt.

Genau in diesem Moment warf jedoch Jesus seinen großen Umhang über mich und bedeckte mich vollkommen damit. (Interessanterweise war der Umhang nicht aus wertvollem Material, keine königliche Robe, sondern aus dem einfachsten und gröbsten Material, das man sich vorstellen kann. Und ich erkannte, daß er dieses Gewand seiner Menschlichkeit noch so lange tragen wird, bis sich alle seine Kinder in der Herrlichkeit befinden.)

»Jetzt«, sagte er zu mir, »sieht mein Vater nicht mehr dich – sondern mich. Nicht deine Sünden, sondern meine Gerechtigkeit. Ich stehe für dich ein.«

»Von Herzen will ich mich freuen über den Herrn. Meine Seele soll jubeln über meinen Gott. Denn er kleidet mich in Gewänder des Heils, er hüllt mich in den Mantel der Gerechtigkeit, wie ein Bräutigam sich festlich schmückt und wie eine Braut ihr Geschmeide anlegt.«

(Jesaja 61,10)

Ein Kind Jesu
Irma Foster

Die folgende Geschichte ereignete sich in Chicago.
Das Erlebnis von damals begleitete Irma Foster ihr
Leben lang und half ihr in Zeiten der Not.

Ich war zweieinhalb Jahre alt, als meine ältere Schwester und
ich nach Europa zu unseren Großeltern gebracht wurden. Als
wir dann drei Jahre später wieder nach Amerika zurückkamen,
waren mir meine Eltern fremd geworden. Ich war unglücklich
und verwirrt. Ich konnte mich nur schwer an die neue Situation
gewöhnen und wurde oft für Dinge bestraft, die eigentlich gar
nicht so schlimm waren.

Eines Tages, nach einem nervenaufreibenden Vormittag, verließen meine Eltern zusammen mit meiner Schwester das Haus.
Mich ließen sie zurück – zur Strafe. Damals war ich gerade
einmal sechs Jahre alt.

Wir wohnten im ersten Stock eines Hauses, an dem eine
Straßenbahnline vorbeilief und in dessen unmittelbarer Nähe
sich auch die Hochbahnhaltestelle an der Chicago Avenue befand. Ich ging an ein Fenster, stützte meine Ellbogen auf den
Fenstersims und starrte auf die Straße hinaus, wo die Menschen
hastig hin und her liefen. Ich war sehr traurig, und schließlich
legte ich meinen Kopf auf meine Arme und fing an, bitterlich zu
weinen. Ich meinte, mein Herz würde zerspringen. Ich dachte,
daß niemand mich liebte.

Nachdem es mir etwas besser ging, sah ich zum Himmel empor. Ich war erstaunt, dort eine hell erleuchtete Person zu sehen, die nur aus dem Kopf und den Schultern des einen bestand, den ich später als Jesus kennenlernen sollte. Die Person leuchtete hell. Ich war verängstigt und eingeschüchtert. Als ich dann jedoch in Jesu Augen sah und die Liebe erkannte, die diese Augen ausstrahlten, Liebe, wie ich sie noch nie zuvor erlebt hatte, umgab mich eine wundervolle Wärme. Ich war fröhlich und glücklich. Dann sah ich auf die Straße hinunter und fragte mich, warum niemand anders sah, was ich sah. Seine Augen folgten den meinen, und in Gedanken sagte er zu mir:»Auch sie sind meine Kinder.«

Wann immer es danach Probleme zu Hause gab, ging ich in mein Zimmer und dachte über das Erlebnis von damals nach. Dann spürte ich wieder jene wundervolle Wärme und Liebe von damals, die mich umgab, mir Mut machte und mir half zu verstehen, zu vergeben und mich um Besserung zu bemühen.

»In jener Stunde kamen die Jünger zu Jesus und fragten. Wer ist im Himmelreich der Größte? Da rief er ein Kind herbei, stellte es in ihre Mitte und sagte: Amen, das sage ich euch: Wenn ihr nicht umkehrt und wie die Kinder werdet, könnt ihr nicht in das Himmelreich kommen. Wer so klein sein kann wie dieses Kind, der ist im Himmelreich der Größte. Und wer ein solches Kind um meinetwillen aufnimmt, der nimmt mich auf.«

(Matthäus 18,1-5)

Kapitel 6

Erhörtes Gebet

Der Herr erscheint Salomo

Salomo empfing diese Vision, nachdem der Tempel
und sein eigener Palast fertiggestellt worden waren.
Der Herr erschien ihm in der Nacht und gab ihm die
folgende Anweisung.

»Ich habe dein Gebet gehört und diesen Ort als Opferstätte für
mich erwählt. Wenn ich den Himmel verschließe und kein Regen
fällt oder wenn ich der Heuschrecke gebiete, das Land kahlzu-
fressen, wenn ich die Pest in mein Volk sende und mein Volk,
über das mein Name ausgerufen ist, sich demütigt und betet,
mich sucht und von seinen schlechten Wegen umkehrt, dann
höre ich es im Himmel. Ich verzeihe seine Sünde und bringe
seinem Land Heilung. Meine Augen sollen jetzt für das Gebet
an diesem Ort offen sein und meine Ohren sollen darauf achten.
Ich habe jetzt dieses Haus erwählt und geheiligt, damit mein
Name ewig hier sei. Meine Augen und mein Herz werden
allezeit hier weilen. Wenn du deinen Weg vor mir gehst, wie ihn
dein Vater David gegangen ist, und wenn du alles tust, was ich
dir befohlen habe, wenn du auf meine Gesetze und Rechtsvor-
schriften achtest, dann werde ich deinen Königsthron bestehen
lassen, wie ich es deinem Vater David zugesichert habe, zu dem
ich gesagt habe: Es soll dir nie an einem Herrscher über Israel
fehlen. Doch wenn ihr euch von mir abwendet und meine
Gesetze und Gebote, die ich euch gegeben habe, übertretet,
wenn ihr euch anschickt, andere Götter zu verehren und euch
vor ihnen niederzuwerfen, dann werde ich euch aus meinem

Land vertreiben, das ich euch gegeben habe. Dieses Haus, das ich meinem Namen geweiht habe, werde ich aus meinem Angesicht wegschaffen und zum Gespött und zum Hohn unter allen Völkern machen.« *(2. Chronik 7,12-20)*

Jenseits von Afrika
Clara Lewis

Clara Lewis war mehr als vierzig Jahre lang Missionarin im liberianischen Sinoe, das sich sechs Grad oberhalb des Äquators befindet. Bis zu ihrem Tod im Alter von 94 Jahren blieb sie im Missionsdienst.

James, einer der Eingeborenen, hatte nach heidnischem Brauch die Frau seines verstorbenen Bruders geheiratet und war besorgt, weil sie nicht gläubig war. Mary war wesentlich älter als James und machte sich oft über ihren Ehemann wegen dessen Glauben an den Herrn Jesus Christus lustig. Sie verstand es, an ihm herumzunörgeln und ihm das Leben zur Hölle zu machen.

Eines Tages wurde Mary jedoch sehr krank. James kam in die Mission und bat uns, für sie zu beten. Während des Abendgottesdienstes betete dann die ganze versammelte Gemeinde, daß Mary geheilt würde. Der Herr erhörte unsere Gebete, und Mary wurde gerettet und geheilt.

Mary hatte eine wundervolle Vision vom Himmel, und wir waren wirklich sehr überrascht, als sie versuchte, uns den Himmel zu beschreiben. Sie hatte nie zuvor einen Gottesdienst besucht und auch noch nie jemanden predigen hören.

Wir fragten sie, ob es im Himmel Lampen oder Laternen gab. Sie antwortete: »Nein, dort braucht man keine Lampen, weil dort alles hell erleuchtet ist. Jesus war dort, und seine Gegenwart erleuchtete alles um ihn herum. Das LICHT schien bis zur Sonne, dem Mond und den Sternen. Er trug ein leuchtendes, strahlend weißes Gewand. Ich habe immer gedacht, eure Kleider sind wundervoll weiß, aber jetzt erscheinen sie mir fast schmutzig im Vergleich dazu.«

Diese himmlische Vision erwies sich als große Hilfe für Mary, und von jenem Moment an liebte sie den Herrn Jesus Christus, diente ihm und war ein Segen für viele andere. Oft sehnte sie sich nach den himmlischen Heerscharen und danach, den Herrn genauso zu loben, wie sie es taten.

> »Es wird keine Nacht mehr geben, und sie brauchen weder das Licht einer Lampe noch das Licht der Sonne. Denn der Herr, ihr Gott, wird über ihnen leuchten, und sie werden herrschen in alle Ewigkeit.«
> *(Offenbarung 22,5)*

Die zwei Blicke
Rev. Julius H. Massey

Julius Massey hatte Jura studiert und war Anwalt, als er »von Neuem geboren« wurde. Daraufhin widmete er sich der Theologie. Er wurde der Pastor der St.

Paul's Community Church in Plainfield, Illinois, und
blieb dies bis zu seinem Tod im Jahr 1978.

Ich sah Jesus von Angesicht zu Angesicht.
Viele Male hatte ich den Herrn gebeten, mir eine Vision zu
schenken. Eines Nachts wurde ich dann wach, als jemand sanft
auf meine Matratze klopfte. Ich war sofort hellwach und sah
Jesus, der gerade an das Fußende des Bettes ging. Er trug ein
strahlend weißes Gewand. Sein Haar war kastanienbraun und
reichte bis zu seinen Schultern herab.
Sein Gesicht war das schönste Gesicht, das ich je gesehen
habe, und auf diesem Gesicht spiegelten sich zwei völlig ver-
schiedene Blicke. Auf der einen Hälfte seines Gesichtes sah ich
den lieben und mitfühlenden Blick des ERLÖSERS, und auf der
anderen Hälfte den ernsten und majestätischen Blick des
KÖNIGS.
Ich war sprachlos. Nach ungefähr zehn Senkunden »löschte
sich Jesus selbst aus« – wie man ein Licht auslöscht – und war
verschwunden. Diese Erlebnis zeigte mir, daß Jesus für die einen
der Erlöser und für die anderen der Richter ist. Ich verstand nun
die Bibelstelle besser, in der es heißt, daß die bösen Menschen
darum bitten werden, daß Felsen auf sie fallen mögen, damit
diese sie vor dem Blick des Einen verbergen, der auf dem Thron
sitzt.

»Und die Könige der Erde, die Großen und die Heer-
führer, die Reichen und die Mächtigen, alle Sklaven
und alle Freien verbargen sich in den Höhlen und
Felsen der Berge. Sie sagten zu den Bergen und
Felsen: Fallt auf uns und verbergt uns vor dem Blick
dessen, der auf dem Thron sitzt, und vor dem Zorn

des Lammes; denn der große Tag ihres Zorns ist
gekommen. Wer kann da bestehen?«

(Offenbarung 6,15-17)

Warner Sallmans
wundersames Bild
William McDermott

Der Künstler Warner Sallman aus Chicago stellte in
nahezu zwei Dutzend Ölgemälden Szenen aus dem
Leben Christi dar. Das berühmteste seiner Gemälde
ist ohne Zweifel »Head of Christ«. Sallman ist ebenfalls bekannt für seine großen Wandgemälde mit bi-
blischen Motiven.

Warner Sallman war beunruhigt und konnte nicht schlafen. Bis
zum nächsten Morgen mußte ihm ein Motiv eingefallen sein.
Dann hatte er einen Traum, der, als dieser schließlich Gestalt
gewann und Farbe erhielt, weltberühmt wurde.

Sallmans Darstellungen Christi schmücken sowohl Iglus der
Eskimos wie Hütten der Hottentotten. Man findet sie in den
Kathedralen vieler Länder und Denominationen. Menschen aus
aller Herren Länder schrieben Sallman – Menschen aus Indien,
Afrika, Südamerika, Skandinavien, Kanada, Austrialen, um nur
einige zu nennen.

Die Geschichte dieses Bildes sowie die des Künstlers selbst
ist eine Geschichte voller Wunder.

1917 standen sich ein junger Künstler und ein Arzt in dessen Praxis gegenüber.

»Sie haben Tuberkulose. Die einzige Hoffnung für Sie ist eine Operation«, sagte der Arzt. »Ohne eine Operation bleiben Ihnen nur noch drei Monate.«

Völlig am Boden zerstört verließ der Künstler die Praxis. Er machte sich keine Sorgen um sich selbst, sondern um die junge Sängerin, die er erst vor wenigen Monaten geheiratet hatte, und um das Baby, von dem sie erst vor kurzem erfahren hatten, daß sie es bekommen würden.

Glücklicherweise war Warner Sallmans Frau eine Christin. »Wir werden Gott fragen, was er möchte«, sagte sie, »und wir werden ihm für die drei Monate danken. Wir werden ihn bitten, uns zu gebrauchen, und wenn er uns dann noch etwas Zeit schenkt, werden wir ihm dafür danken.« Innerlich ruhig gingen sie zu ihrem Gott ins Gebet.

Ohne eine Operation wirkte Gott das Wunder einer Heilung. Selbst als er schon über siebzig war, konnte man Sallmans rauhes Äußeres und robusten Enthusiasmus noch oft in Kirchen sehen, wo er begeistert Kreidezeichnungen von Jesus anfertigte.

Genauso wundersam wie seine Heilung durch den Herrn war auch die Art und Weise, wie es zu Sallmans Darstellung des Hauptes Christi kam, für welche er heute weltberühmt ist.

Von Zeit zu Zeit zeichnete er etwas für die Sonntagsschulhefte des Verlages seiner Kirchengemeinde. Eines Tages wurde er dann gebeten, das Deckblatt für eines dieser Hefte zu entwerfen. Er saß also über seinem Zeichenbrett und suchte nach einer guten Idee, aber ihm wollte nichts einfallen.

Doch plötzlich kam ihm der Gedanke, daß er ja Jesus zeichnen könnte, und zwar einerseits den männlichen, fröhlichen und Hoffnung bringenden Sohn Gottes und andererseits den demütigen und liebenden Erretter.

Ihm blieben nur noch 24 Stunden bis zur Abgabe des Bildes. An jenem Abend ging er in sein Studio unter dem Dach und fing an zu zeichnen. Das Ergebnis gefiel ihm jedoch nicht. Er startete einen zweiten Versuch, dann einen dritten, einen vierten, aber es wollte ihm nichts so recht gelingen. Er war aufgeregt und nervös. Er stürzte sich ins Gebet, erhielt jedoch keine sofortige Antwort.

Um Mitternacht gab er dann schließlich auf und warf sich auf sein Bett. Er fiel in einen tiefen Schlaf. Und dann passierte das Wunder.

»In den frühen Morgenstunden, noch vor Tagesanbruch, sah ich in einem hellen Moment die bildliche Darstellung Jesu klar und deutlich vor mir. Und es erschien mir, als sitze ich an meinem Zeichenbrett und habe die fertige Zeichnung bereits vor mir«, erzählte Sallman von dieser Vision.

Dieses Bild schien so real, daß Sallman sofort wieder hellwach wurde.

Er lief schnell in sein Studio hinauf und fertigte einen Entwurf dessen an, was er vor seinem inneren Auge gesehen hatte, damit er es nicht wieder vergaß. Am folgenden Tag erstellte er dann, gerade noch rechtzeitig für das Erscheinen des Sonntagsschulheftes, eine größere Kohlezeichnung.

Das Deckblatt dieser Heftes erregte zwar einige Aufmerksamkeit, war jedoch schnell wieder vergessen. Die Vorstellung, Christus in seiner Männlichkeit darzustellen, ließ Sallman nicht los. Er beschloß also, mehr zu seinem eigenen Vergnügen, anhand der Zeichnung ein Ölgemälde zu erstellen. Als er dieses dann fertig hatte, hängte er es in seinem Haus über das Klavier.

Eines Tages besuchten ihn zwei Vertreter des Verlages einer anderen Gemeinde. Sie wollten sich erkundigen, ob er bereit wäre, ein Bild für sie zu malen. Als Sallman sie dann einließ, blieben plötzlich beide abrupt vor dem Bild des Hauptes CHRISTI stehen.

»Genau danach haben wir gesucht«, sagten sie. Mit Sallmans Erlaubnis begannen Fred M.Bates und Anthony W.Kriebel eben jenes Bild zu verlegen.

Zu diesem Zeitpunkt befanden sich die Vereinigten Staaten mitten im Zweiten Weltkrieg. »Head of Christ« wurde schnell zu einem Symbol der Hoffnung für die Männer und Frauen der amerikanischen Streitkräfte. Mehr als sechs Millionen Drucke wurden an Einheiten auf der ganzen Welt versandt. Selbst in den entferntesten Gebieten wurde dieses Bild von den wundersamsten Umständen begleitet. Zwei Amerikaner wurden zum Beispiel während eines Gefechtes von Japanern gefangen genommen und sollten von diesen hinter die japanische Linie zu einem Verhör gebracht werden. Bayonette drückten sich in die Rücken der GIs, die nicht wagten, sich umzudrehen.

In der Absicht, seinen Glauben zu bekennen, fing einer der Amerikaner an, leise die Melodie eines Gospels zu pfeifen. Plötzlich hörte er, wie hinter ihm dieselbe Melodie erklang.

Als er dann seinen Kopf leicht zur Seite wandte, hörte er eine Stimme in gebrochenem Englisch flüstern.

»Du Christ? Wir auch Christen. Wir kennen Song du pfeiffen. Ihr drehen schnell um, greifen unsere Gewehre. Wir aufgeben. Wollen nicht kämpfen euch.«

Der Plan funktionierte. Die Amerikaner brachten die Japaner wohlbehalten hinter ihre eigenen Linien zu den amerikanischen Streitkräften zurück. Dort machten sie dann eine verblüffende Entdeckung: Der Japaner gehörte zu einer christlichen Mission in Tokio, und der Amerikaner stammte aus einer Kirche in Boston, die eine große Kopie von Sallmans »Head of Christ« an genau diese Mission gesandt hatte. Die beiden Männer gaben sich freudig die Hände und schlossen einen Bund der Bruderschaft in Christi. So entstand eine lange Freundschaft zwischen dem Amerikaner und dem Japaner.

Und ein unendlicher Strom solcher Wunder scheint Sallmans »Head of Christ« überallhin zu begleiten.

»Meine Zunge soll deine Verheißung besingen; denn deine Gebote sind alle gerecht. Deine Hand sei bereit, mir zu helfen; denn ich habe mir deine Befehle erwählt. Ich sehne mich, Herr, nach deiner Hilfe, und deine Weisung macht mich froh. Laß meine Seele leben, damit sie dich preisen kann. Deine Entscheidungen mögen mir helfen.«

(Psalm 119,172-175)

Keinen Mangel leiden
Reinhard Bonnke

1967 folgte Reinhard Bonnke im Alter von 27 Jahren einem Missionsruf nach Afrika. Seit dieser Zeit haben sich Millionen von Afrikanern zu Jesus Christus bekehrt, und Reinhard entwickelte ein nahezu unerschütterliches Vertrauen zu seinem Gott und dessen Bereitschaft, ihn mit allem zu versorgen, was er für seine Arbeit brauchte. Die folgende Geschichte erzählt, wie es dazu kam, daß Reinhard einen solch großen Enthusiasmus entwickelte. Er hatte sich gerade etwas Geld geliehen, um für einige Pastoren Möbel zu kaufen. Er hatte die Waren bei einem Händler im voraus bezahlt, und dieser war dann mit dem Geld aus der Stadt geflüchtet – ohne jedoch die Möbel geliefert zu haben. Reinhard dachte gerade über diesen Vorfall nach, als er eines Tages in seinem Auto saß und mit dem Herrn redete ...

»Wenn ich mir das Geld geliehen hätte, um mich selbst zu bereichern, könnte ich verstehen, warum Du es zugelassen hast, daß ich in diese Falle lief. Aber, Herr, Du weißt, daß ich mir das Geld geliehen habe, um meinen Brüdern zu helfen. Ich kann einfach nicht verstehen, weshalb Du es zugelassen hast.«

Plötzlich spürte ich, daß Jesus mit mir in diesem alten Auto saß. Es war, als wäre mein Auto plötzlich ein flammender Wagen, erfüllt von der herrlichen Gegenwart Gottes. Ich bemerkte nicht mehr, daß ich das Fahrzeug lenkte und auch nichts von der Landschaft, die vor dem Autofenster an mir vorbeizog.

Dann hörte ich eine Stimme sagen: »Der Mehltopf wird nicht leer werden und der Ölkrug wird nicht versiegen.« Daraufhin hob sich die Herrlichkeit. Als ich mich wieder gefaßt hatte, ließ mich dieser Satz nicht los. Ich wußte, was er bedeutete.

»O.k., Herr, meine zwei Missionskonten bei der Bank ... das eine ist der Topf und das andere ist der Krug. Meine Pflicht ist es, sie zu leeren. Deine Aufgabe ist es, sie wieder zu füllen.«

Und Gott belohnte seinen festen Glauben.

»Gepriesen sei der Herr, der seinem Volk Israel Ruhe geschenkt hat, wie er es versprochen hat. Von all den herrlichen Verheißungen, die er durch seinen Knecht Mose verkündet hat, ist nicht eine hinfällig geworden.«

(1. Könige 8,56)

Kapitel 7

Heilung

Die Heilung des Paulus

Lukas, bekannt als der geliebte Arzt und Autor des gleichnamigen Evangeliums, erzählt diese Geschichte in der von ihm verfaßten Apostelgeschichte.

»In Damaskus lebte ein Jünger namens Hananias. Zu ihm sagte der Herr in einer Vision: Hananias! Er antwortete: Hier bin ich, Herr. Der Herr sagte zu ihm: Steh auf und geh zur sogenannten Geraden Straße, und frag im Haus des Judas nach einem Mann namens Saulus aus Tarsus. Er betet gerade und hat in einer Vision gesehen, wie ein Mann namens Hananias hereinkommt und ihm die Hände auflegt, damit er wieder sieht. Hananias antwortete: Herr, ich habe von vielen gehört, wieviel Böses dieser Mann deinen Heiligen in Jerusalem angetan hat. Auch hier hat er Vollmacht von den Hohenpriestern, alle zu verhaften, die deinen Namen anrufen. Der Herr aber sprach zu ihm: Geh nur! Denn dieser Mann ist mein auserwähltes Werkzeug: Er soll meinen Namen vor Völker und Könige und die Söhne Israels tragen. Ich werde ihm auch zeigen, wieviel er für meinen Namen leiden muß. Da ging Hananias hin und trat in das Haus ein; er legte Saulus die Hände auf und sagte: Bruder Saul, der Herr hat mich gesandt, Jesus, der dir auf dem Weg hierher erschienen ist; du sollst wieder sehen und mit dem Heiligen Geist erfüllt werden. Sofort fiel es wie Schuppen von seinen Augen, und er sah wieder; er stand auf und ließ sich taufen. Und nachdem er etwas gegessen hatte, kam er wieder zu Kräften.« *(Apostelgeschichte 9,10-19)*

Mrs. Boese kann wieder sehen
The Chicago Tribune

Dieser Zeitungsbericht aus dem Jahr 1965 erzählt die Geschichte von Mary Boese. Zwei Jahre lang war sie blind gewesen.

Mrs. Boese war eine fromme Frau. Sie wußte, daß sie eines Tages wieder sehen würde – auch wenn die Ärzte ihr sagten, daß dies nie mehr der Fall sein würde. Sie hatte eine Vision von Jesus gehabt und spürte, daß dies ein Zeichen dafür war, daß ihr Augenlicht zurückkehren würde.

»Er lächelte mich an. Die Art, wie er mich anlächelte, sagte mir, daß ich wieder sehen würde.« Sie erzählte, daß sie diese Vision unmittelbar nach einem Besuch bei Augenärzten in Oklahoma City gehabt habe. Drei Ärzte hatten ihr gesagt, daß es für sie keine Chance mehr gab.

»Damals war ich vollkommen blind«, sagte sie. »Meine Tochter führte mich gerade den Korridor entlang, als ich dieses Licht auf mich zukommen sah. Es war ein seltsames Licht – strahlend hell. Und plötzlich stand Jesus mit ausgebreiteten Armen vor mir. Er sagte nichts zu mir. Ich wußte, daß ich noch nicht kommen sollte, aber ich war bereit.«

Glücklich erzählt sie von dem Moment, als sie ihr Augenlicht zurückbekam.

»An jenem Morgen ging ich um zwanzig vor sechs ins Badezimmer. Ich sah plötzlich Dinge – Zahnpasta, einen Kamm und Handtücher. Da waren auf einmal so viele Sachen. Ich nahm an, daß ich meine Brille trug und nur deshalb überhaupt etwas sehen konnte. Ich legte meine Hände an meine Augen und spürte jedoch, daß dies nicht der Fall war.

»Dann kämmte ich dreißig Minuten lang mein Haar«, sagte sie. »Das klingt vielleicht eitel, aber schließlich hatte ich es ganze zwei Jahre lang nicht mehr gesehen.«

»So kam er auch nach Nazaret, wo er aufgewachsen war, und ging, wie gewohnt, am Sabbat in die Synagoge. Als er aufstand, um aus der Schrift vorzulesen, reichte man ihm das Buch des Propheten Jesaja. Er schlug das Buch auf und dann die Stelle, wo es heißt: Der Geist des Herrn ruht auf mir; denn der Herr hat mich gesalbt. Er hat mich gesandt, damit ich den Armen eine gute Nachricht bringe; damit ich den Gefangenen die Entlassung verkünde und den Blinden das Augenlicht; damit ich die Zerschlagenen in Freiheit setze und ein Gnadenjahr des Herrn ausrufe.«
(Lukas 4,16-19)

Jesus heilt
Genevieve Parkhurst

Genevieve Parkhurst, eine Pfarrersfrau aus Woodward, Oklahoma, hatte von ihrem Arzt erfahren, daß sie einen großen Knoten in ihrer rechten Brust hatte.

Noch bevor sie überhaupt einen Termin für eine Operation hatte, geschah jedoch die folgende Geschichte, die sie in ihrem Buch »The Healing Christ« erzählt.

Eines Nachmittags legte ich mich auf mein Bett. Ich lehnte mich gegen einen Stapel Kissen und fing an, in dem Buch »You Are My Friends« von Frank Laubach zu lesen. Ich weiß nicht mehr genau, was ich damals las – irgend etwas über die Freundschaft Jesu. Ich war vielmehr fasziniert von den Bildern im hinteren Teil des Buches.

Dort waren großartige Bilder von Jesus, gemalt von berühmten Künstlern wie zum Beispiel »Christ Blessing the Children«, von Plockhorst; »The Hope of the World«, von Copping; »Follow Me«, das Bild des lächelnden Christus, gemalt von Curry; »Christ at Thirty«, von Hoffmann; »The Son of Man«, von Sallman ... Und bei jedem Bild, das ich sah, kam ich Jesus näher. Er wurde für mich so real, daß ich mich ganz in seiner Heiligkeit und seiner Liebe verlor. Ich liebte ihn, wie ich ihn noch nie zuvor geliebt hatte, weil ich ihm jetzt so nahe war wie nie zuvor.

Als ich zu dem Bild »Christ in the Garden« von Hoffman kam, war ich tief berührt. Jesus wußte, was mir bevorstand. Oh, und wie er es wußte! Er hatte selbst dem Tod gegenübergestanden, und er hatte gesagt: »Nicht mein, sondern dein Wille geschehe.« Er hatte gesagt: »Niemand entreißt mir mein Leben, sondern ich gebe es aus freiem Willen hin.« Entschlossen war er auf sein Kreuz zugegangen. Aber er war gestorben. um eine Welt zu retten. während ich einfach nur so sterben würde. Oh, daß doch mein Tod auch irgendeinen Nutzen hätte!

»Oh Jesus, verherrliche Dich durch mich«, betete ich und schüttete ihm mein Herz aus.

Doch plötzlich hielt ich den Atem an. Vor mir stand Jesus. Ich konnte es gar nicht recht fassen! Ich sah ihn nur von der Seite, und er hatte sein Gesicht etwas angehoben wie auf Hoffmans

Gemälde. Dann drehte sich jenes leuchtende Gesicht langsam zu mir um, und seine Augen sahen mich an.

Oh! Jesu Augen! Nichts auf der ganzen Welt war so wunderschön wie seine Augen. Es waren Augen unendlicher Weisheit – so verständnisvoll, mitfühlend und erfüllt von Liebe. Und diese Augen sahen mich an! Sie sogen mich regelrecht in sich auf, wie die Sonne den Tau. Ich war vollkommen eingehüllt in seine Liebe. Das Zimmer war erfüllt vom hellen Licht seiner Gegenwart.

War das alles nur Illusion? Vielleicht! Was dann jedoch folgte, war keine Illusion. Während ich mich vollkommen mit Jesus verbunden fühlte, spürte ich einen schmerzhaften Stich in meiner rechten Brust, der sich dann durch meinen Körper bis hin zu meinem Ellbogen zog. Ich tastete mit meiner Hand meine Brust ab und war so mit mir beschäftigt, daß ich gar nicht bemerkte, wie er wieder verschwand.

Und mit ihm war auch der Knoten verschwunden! Völlig verschwunden! Und dort, wo sich der Knoten zuvor befunden hatte, war jetzt ein Loch, das so groß war, daß ich drei meiner Finger hineinlegen und die darüberliegende Haut in die Mulde drücken konnte.

Der Knoten war verschwunden, und nichts tat mir weh. Ich zog meine Bluse aus und besah mir voller Verwunderung die Stelle, an der der Knoten zuvor gewesen war, und fing an zu zittern.

Warum war so etwas gerade mir passiert? Ich war einen solchen Segen nicht wert. Ich hatte nicht einmal darum gebetet, daß er mich heilte. Das wäre mir auch gar nicht in den Sinn gekommen, denn ich glaubte, daß der christliche Glaube den Menschen die Kraft zum Leben wie auch die Kraft zum Sterben gab. Reine Gnade war über mir ausgegossen worden, ein Liebesbeweis Gottes, um den ich nicht gebetet und den ich erst recht nicht verdient hatte.

Und ich ging hinaus in der Suche nach weiteren Erlebnissen. Ich ging hinaus in mein Leben, das ich von ihm geschenkt bekommen hatte – von Gethsemane bis Pfingsten. Und das Wunder, das ich erlebt hatte, war so groß gewesen, daß ich nicht darüber reden konnte. Es hatte bestimmt seinen Grund, daß Jesus diejenigen, die er heilte, angewiesen hatte, niemandem von der Heilung zu erzählen.

Mit der Zeit erneuerte sich dann auch das Gewebe in meiner Brust wieder, und nach acht Monaten konnte man keine Vertiefung mehr erkennen. Es war einfach perfekt.

>»Lobe den Herrn, meine Seele, und alles in mir seinen heiligen Namen! Lobe den Herrn, meine Seele, und vergiß nicht, was er dir Gutes getan hat; der dir all deine Schuld vergibt und all deine Gebrechen heilt, der dein Leben vor dem Untergang rettet und dich mit Huld und Erbarmung krönt.«
>
> *(Psalm 103,1-4)*

Der Schatten des Todes
Carol Whisler

Die Wycliffe-Missionarin Carol Whisler erzählt von der dramatischen Begegnung mit einem jungen Kampa-Mädchen namens Anita. Die Kampas sind ein Stammesvolk von ungefähr 15000 Menschen, das in den Gebirgsausläufern der Anden im Süden Perus beheimatet ist.

Ich war mit einigen meiner Wycliffe-Kollegen in Peru, um den Kampas das Neue Testament in ihrer Sprache zu geben.

Als ich Anita in der Dschungelstation in Yarinacocha zum ersten Mal sah, schätzte ich die Sechzehnjährige auf Mitte Dreißig. Sie litt unter Nephritis, einer Nierenkrankheit, und wog nur noch 86 Pfund. Sie war ausgemergelt, ihr Blick war leer.

Eines Sonntagnachmittags im Juli, während ich bei ihr war, saß sie in dem Schaukelstuhl neben ihrem Bett und nähte ein Kleid. Doch plötzlich schien sie den Verstand zu verlieren, und ihr zarter Körper schüttelte sich panikartig. »Ich sterbe!« rief sie und fing an, laut zu schreien und zu klagen, was bei den Campas ein Zeichen für den bevorstehenden Tod ist. »Meine Mutter ißt Abfälle von Wildschweinen!« schrie sie. Ich verstand nicht, was sie damit meinte. Dann erklärte mir jedoch jemand, daß dies ein schlechtes Omen sei.

Mit zitternden Händen brachte ich sie ins Bett und rief den Arzt. Ihr Leben hing nur noch an einem seidenen Faden. Mehrere Tage lang war sie im Delirium, und während dieser Zeit fand in ihr ein Kampf zwischen den Mächten des Teufels statt und dem Glauben, zu dem sie erst vor kurzer Zeit gefunden hatte. »Ich sehe ihn. Nein, ich sehe ihn nicht. Der Teufel hat mich betrogen!«, rief sie. Wurde sie schwächer, so wurden ihre Schreie gedämpfter. »Jesus ist gut ... nein ... nein«, wiederholte sie immer und immer wieder. Mittlerweile hatten sich auch meine Kollegen aus der Dschungelbasis zu mir gesellt, um mit mir für sie zu beten.

Dann kam jener Freitag – grau und hoffnungslos. Als ich dann jedoch an diesem Nachmittag ihr Zimmer betrat, war alles still. Anitas aufgerichtetes Gesicht leuchtete, und sie hatte ihre Arme nach etwas in dem Raum ausgestreckt, das keiner von uns sehen konnte.

Stunden vergingen. Um Mitternacht weckte sie uns. »Ich bin hungrig«, sagte sie. Ich gab ihr ein Getreidegetränk, das sie hastig trank. Und von jenem Zeitpunkt an verbesserte sich ihr Zustand.

Was war passiert, daß sie nun neue Kraft hatte, ja sogar inneren Frieden? »Anita«, fragte ich sie eines Tages, als ich ihr aus der Kampa-Bibel vorlas, »als du so krank warst, hast du da Jesus gesehen?« Ihr Gesicht fing an, hell zu leuchten. »Ja, ich habe ihn gesehen. Er sagte zu mir: ›Meine Tochter, habe keine Angst. Ich bin bei dir.‹ Und viele Menschen waren bei ihm.«

Sie hatte das Schattental des Todes mit dem Erretter an ihrer Seite durchschritten. Sie fürchtete kein Unglück mehr. Jesus hatte sie nicht nur befreit, er hatte sie auch innerlich geheilt.

»Der Sohn Gottes aber ist erschienen, um die Werke des Teufels zu zerstören.«

(1. Johannes 3,8)

Eine seltsame Verwandlung
Charles Stilwell

Pastor Charles Stilwells geistlicher Lebenslauf ist voller Wärme und Zärtlichkeit. Er war der festen Überzeugung, daß ihm alles zum Guten gelingen würde, wenn er sich nur dem Plan Gottes unterstellte. Dies erinnert uns daran, daß Gott in Zeiten der Not unsere stillen Schreie hört und für uns sorgt.

Es war der Sommer nach meinem ersten Unterrichtsjahr. Ich hütete die Rinder und trat dabei in der Dunkelheit aus Versehen in ein Erdloch. Das war dann der sprichwörtliche Tropfen, der das Faß zum Überlaufen brachte. Ich hatte mir früher schon einige Verletzungen beim Fußballspielen zugezogen, und während meiner Kavalleriezeit war ich einmal vom Pferd gefallen. Ich ging dann zu den verschiedensten Chiropraktikern. Jedoch ohne Erfolg. Dann versuchte ich es mit einem Osteopathen. Eines Sonntagmorgens, als wir gerade in die Kirche gehen wollten, hatte ich schreckliche Schmerzen. Bobbie, meine Frau, rief schnell den Arzt an, der auch sofort vorbeikam. Nachdem er mich untersucht hatte, meinte er, es tue ihm sehr leid, aber er glaube, er habe mir mehr geschadet als genützt, da er mittlerweile der Meinung sei, daß meine Gelenkscheibe gebrochen sei und ich unverzüglich einen Orthopäden aufsuchen solle.

Wir fuhren also ins Krankenhaus, und ich wurde untersucht. Der Arzt erklärte meiner Frau und mir, daß ich operiert werden müsse und es sich dabei um keine einfache Operation handle. Ich würde zwei oder drei Wochen im Krankenhaus bleiben müssen. Danach würde ich nie mehr schnell gehen und auch nichts Schweres mehr tragen können.

Angesichts der schrecklichen Schmerzen, die ich hatte, war uns beiden klar, daß ich mich dieser Operation unterziehen würde. Sie wurde für den folgenden Tag um sechs Uhr morgens festgesetzt.

Bobbie kam noch einmal vor der Operation zu mir ins Krankenhaus. Der Arzt fragte mich, wie ich mich fühlte, und ich antwortete ihm: »Gut. Ich vertraue Ihnen und meinem Herrn.« Er bemerkte, daß eine solche Einstellung für eine Operation nur von Vorteil sein konnte.

Als ich dann aus der Narkose erwachte, erschien mir alles so schön wie nie zuvor. Meine Frau war so schön wie nie. Die Krankenschwestern waren wunderschön. Einfach alles sah wunderschön aus, und ich lobte Gott. Dann sah ich Jesus über mir, der mich von der Decke herab anblickte. Seine Augen waren so voller Liebe und Freundlichkeit, daß mich seine Liebe regelrecht ansteckte!

Ich war schon immer eher still gewesen und hatte mich mit meinen Äußerungen stets auf das Nötigste beschränkt. Ich verschwendete keine Worte. Doch plötzlich erzählte ich den Menschen, wie sehr ich sie liebte und schätzte.

Am dritten Tag nach der Operation kamen meine Frau und die Kinder wie gewöhnlich am Nachmittag ins Krankenhaus, um mich zu besuchen. Sie fanden mich jedoch nicht in meinem Zimmer, und auch nicht in dem Gebäude, in dem sich mein Zimmer befand, sondern in einem ganz anderen Gebäude des Krankenhauses. Ich war dorthin gegangen und erzählte den Männern auf dieser Station von der Liebe und Kraft Jesu CHRISTI! Ich, der ich immer zurückhaltend war mit meinem Zeugnis von Jesus! Ich erzählte ihnen jetzt von seiner Liebe. Bobbie war, glaube ich, noch überraschter darüber als ich. Und Chuck, mein Sohn, erzählt sogar noch heute die Geschichte von der seltsamen Verwandlung seines Vaters: »Papa war immer sehr still gewesen, bis er die Operation hatte. Und seitdem erzählt er jedem von Jesus.«

Dieses Erlebnis zeigte uns, daß, wenn wir Gott nicht erlauben, uns auf die eine Weise zu heilen, er uns immer noch auf eine andere Weise heilen kann. Ich hatte mich damals für eine Operation entschieden, aber durch Gottes heilende Kraft wurden nicht nur mein Körper, sondern auch meine Seele und mein Geist wieder hergestellt.

»Da brachte man auf einer Tragbahre einen Gelähmten zu ihm. Als Jesus ihren Glauben sah, sagte er zu dem Gelähmten: Hab Vertrauen, mein Sohn, deine Sünden sind dir vergeben! Da dachten einige Schriftgelehrte: Er lästert Gott. Jesus wußte, was sie dachten, und sagte: Warum habt ihr so böse Gedanken im Herzen? Was ist leichter, zu sagen: Deine Sünden sind dir vergeben!, oder zu sagen: Steh auf und geh umher? Ihr sollt aber erkennen, daß der Menschensohn die Vollmacht hat, hier auf der Erde Sünden zu vergeben. Darauf sagte er zu dem Gelähmten: Steh auf, nimm deine Tragbahre, und geh nach Hause! Und der Mann stand auf und ging heim. Als die Leute das sahen, erschraken sie und priesen Gott, der den Menschen solche Vollmacht gegeben hat.«

(Matthäus 9,2-7)

Er möchte uns heilen
Dick Penner

Dick Penner war schon jahrelang krank und hatte auch einige Zeit auf einer psychiatrischen Station verbracht. Eines Tages gaben seine Töchter ihm und seiner Frau Elsie ein Buch von Kathryn Kuhlman. Es trug den Titel »I Believe in Miracles«. Sie baten Elsie, eine der Geschichten zu lesen. Elsie antwortete jedoch: »Gott heilt heute nicht mehr, weil wir die Bibel haben. Er muß das heute nicht mehr tun.« Dann beschlossen Dick und Elsie jedoch, trotzdem eine Veranstaltung Kathryn Kuhlmans zu besuchen, und Dick erzählt die folgende Geschichte.

Ich hatte noch nie in meinem Leben für etwas Schlange gestanden. Meiner Meinung gab es nichts, das es wert wäre, dafür Schlange zu stehen. An jenem Tag nahm ich jedoch meine Tabletten, rauchte meine Zigaretten und reihte mich brav ein.

Die Türen wurden geöffnet und fünftausend Menschen strömten in die Kirche. Ich hatte noch nie in meinem Leben geweint, aber aus irgendeinem unerfindlichen Grund fingen Elsie und ich genau in dem Moment an zu weinen, in dem wir die Kirche betraten. Wir verstanden das nicht, weil uns normalerweise nichts so schnell umhauen konnte ... uns, das Ehepaar, das sich eigentlich gar nicht ausstehen konnte und trotzdem immer noch zusammen war.

Die Orgel spielte den ganzen Morgen ein »Halleluja« nach dem anderen. Ich kann mich nicht mehr daran erinnern, wovon Kathryn redete, aber als ungefähr die Hälfte der Veranstaltung vorbei war, kam eine der Platzanweiserinnen zu mir und kniete sich neben mich. Sie flüsterte mir zu, daß Gott ihr in allen Einzelheiten eröffnet hatte, womit ich zu kämpfen hatte. Sie erzählte mir, daß ich Probleme mit meiner Wirbelsäule hatte, daß meine Leber angeschlagen und meine Lungen so schwarz wie Teer waren. Und dann fügte sie hinzu: »Gott wird Sie heilen!«

Ich antwortete ihr: »Deshalb bin ich nicht gekommen. Ich wollte lediglich etwas Ruhe finden. Die Ärzte haben mich aufgegeben. Ich weiß, daß ich sterben werde.«

Die Dame versicherte mir jedoch: »Sie werden auch Ruhe finden, aber jetzt sind Sie erst einmal hier, und Jesus möchte Sie heilen.«

Da empfand ich plötzlich ein heißes, brennendes Gefühl in meinem Nacken. Als die Platzanweiserin meine Reaktion sah, fragte sie: »Was ist passiert?«

Ich antwortete ihr: »Ich glaube, jemand hat eine brennende Zigarette in meinen Nacken geworfen.«

Sie sagte: »Nein, Jesus heilt Sie. Stehen Sie auf und tun Sie etwas, das Sie schon seit Jahren nicht mehr getan haben.«

Ich warf meinen Kopf ruckartig in den Nacken und empfand keine Schmerzen. Die Platzanweiserin war begeistert und meinte: »Tun Sie noch etwas anderes, das Sie schon lange nicht mehr getan haben.«

Wegen einer Schleimbeutelentzündung konnte ich schon seit zwei Jahren meinen rechten Arm nicht mehr höher halten als bis zu meinen Schultern. Jetzt konnte ich ihn ohne Probleme in die Höhe werfen.

Dann fragte die Platzanweiserin meine Frau:»Darf ich Ihren Mann kurz entführen?«

Elsie antwortete:»Sie können ihn haben.« Damals war Elsie noch nicht gerettet.

Ich stand nun einem Arzt gegenüber, der alle Wunder, die während der Veranstaltung geschahen, genau überprüfte. Bevor man auf die Bühne zu Kathryn Kuhlman durfte, wurde man von ihm untersucht.

Ich erzählte ihm, daß ich mich seit einem völligen physischen und mentalen Zusammenbruch in psychiatrischer Behandlung befand. Ich zeigte ihm die Tabletten, die ich nehmen mußte, und er sagte:»Das geht o.k. Du kannst ihn zu Kathryn bringen.«

Als ich dann neben ihr stand, fragte ich sie:»Kathryn, weshalb fühle ich mich hier so leicht?« (Ich zeigte auf meine Brust.)

Sie antwortete:»Weil Jesus Sie errettet hat. Er hat alle Ihre Sünden genommen und sie in das Meer des Vergessens geworfen.«

Dann streckte sie ihre Hand aus und sagte:»Gott segne Dich.«

Dann befand ich mich plötzlich auf dem Boden.

Als Kathryn schließlich alle Versammelten einlud, ihr Leben Jesus Christus zu übergeben, war Elsie die erste, die Jesus bat, in ihr Leben zu kommen. Später fragte ich sie dann, weshalb sie das getan hatte.

Sie antwortete:»In der Sonntagsschule versuche ich immer, den Menschen etwas vom Heiligen Geist zu erzählen. Heute morgen habe ich ihn gesehen. Ich sah Jesus, der durch die Reihen ging und die Menschen berührte und heilte. Ich konnte es kaum erwarten, bis er zu mir kam, damit ich ihn bitten konnte, auch in mein Leben zu kommen.«

Nach der Veranstaltung verließen wir das Hotel und gingen zum Auto. Als ich hinter dem Steuer saß, passierte etwas, das ebenso wundersam war wie die sonstigen Erlebnisse jenes Morgens. Ich nahm Elsies Hand! Damals, am 23. November 1973, wurde unsere Ehe geheilt. Seit dieser Zeit befinden wir uns nun in den Flitterwochen.

»Denn Gott hat die Welt so sehr geliebt, daß er seinen einzigen Sohn hingab, damit jeder, der an ihn glaubt, nicht zugrunde geht, sondern das ewige Leben hat.«

(Johannes 3,16)

Die göttliche Berührung
Mark Buntain

zusammen mit Ron Hembree und Doug Brendel

Mark Buntain war ein angesehener amerikanischer Missionar, der während seines 35jährigen Dienstes in Indien mehrere große medizinische wie auch pädagogische Zentren errichtete. Nita Edwards, ein liebenswertes junges Mädchen aus Sri Lanka, war nach einem tragischen Unfall völlig gelähmt. Als sie jedoch Stunde für Stunde und Monat für Monat in ihrem Bett lag, wich der Geist der Traurigkeit von ihr, und eine wundervolle Verbindung zwischen ihr und ihrem Herrn entstand.

Seit vier Stunden lag Nita wach in ihrem Bett. Sie konnte einfach nicht einschlafen. Die weichen Klänge des Nachmittags drangen leise in ihr Zimmer.

Doch dann, ungefähr um vier Uhr, hörte sie eine Stimme hinter ihr. Es war die kräftigste Stimme, die sie je gehört hatte. »Nita, ich werde dich erheben, und du wirst eine Zeugin für ganz Asien sein.«

Sie erschrak heftig. Hätte sie gekonnt, so wäre sie aufgesprungen. Sie hatte gedacht, daß sie alleine im Zimmer war. Woher war diese Stimme gekommen? Die Stimme fuhr fort: »Ich werde dich am Freitag, dem 11. Februar, heilen.«

Nitas Herz schlug schneller. Sie war sich sicher, daß niemand außer ihr in diesem Zimmer war. Noch nie zuvor hatte sie eine solche Stimme gehört. Sie zuckte leicht zusammen.

Sie arbeitete sich zu dem Alarmknopf vor und klingelte nach der Krankenschwester. Wenn ein Mann in ihrem Zimmer war, mußte sie das wissen ... Vielleicht war er unter ihrem Bett? Die Krankenschwester kam und suchte auf allen Vieren unter Nitas Bett nach einem Mann. Aber sie konnte keinen finden.

Mittlerweile skeptisch geworden und immer nervöser werdend, ging Nita in ihrem Geist alle Möglichkeitn durch. Es konnte ein Traum gewesen sein, aber sie war hellwach. Es konnte eine Halluzination gewesen sein, aber sie nahm keine Medikamente. Es konnte auch einfach nur ein Produkt ihrer eigenen Phantasie gewesen sein, aber sie war nicht ın der Verfassung, sich so etwas auszudenken. Das Radio war nicht an, und ansonsten gab es in ihrem Zimmer auch keine anderen technischen Geräte.

Blieben also nur noch zwei Möglichkeiten: Gott oder der Teufel.

Nita hatte noch nie sehr viel von Menschen gehalten, die erzählten, daß Gott zu ihnen gesprochen hatte. Solchen Dingen war sie immer äußerst mißtrauisch gegenübergestanden. Tief in ihrem Herzen wußte sie jedoch bereits, daß Gott es war, der zu ihr geredet hatte, daß er sie am Freitag, dem 11. Februar, heilen würde und daß er ihre Gebete auf eine völlig außergewöhnliche und äußerst dramatische Art und Weise beantwortet hatte.

Und dennoch mußte sie sich vergewissern.

Sie betete also wie folgt: »Herr, ich habe diese Stimme gehört. Wenn es deine Stimme war, dann möchte ich eine Bestätigung von dir.«

Nachdem sie dieses Gebet gesprochen hatte, tat es ihr plötzlich leid, daß sie den allmächtigen Schöpfer, der ihr soeben mit laut hörbarer Stimme versprochen hatte, sie zu heilen, so herausforderte. Dann fiel ihr jedoch Gideon mit seinem Schaffell ein, und sie beschloß, nicht lockerzulassen.

»Ich möchte, daß du dein Versprechen noch einmal wiederholst«, betete sie tapfer. »In der Öffentlichkeit. Ich möchte, daß es auch andere Menschen hören.«

Sie redete mit keinem Menschen über jenen Vorfall und machte auch nicht die leiseste Andeutung, daß Gott zu ihr gesprochen hatte oder daß sie eine Bestätigung erwartete. Aber sie verschloß ihr Herz nicht und betete den Herrn stundenlang an, Tag für Tag ...

(An einem Sonntag brachte Nitas Bruder Colton Nita dann in ihrem Rollstuhl zum Gottesdienst.) Sie kamen früh dort an, so daß sich Nita ungesehen auf die Empore zwischen Klavier und Wand setzen konnte. Von der Empore aus konnte sie jedoch nicht allzuviel sehen. Aber das machte nichts, denn Gottes Plan war es, sie etwas hören zu lassen.

(Eines der Gemeindemitglieder verkündete schließlich eine prophetische Botschaft.) Er erhob sein Gesicht und erklärte: »Gott wird dich erhöhen, und du wirst eine Zeugin für ganz Asien sein. Sein Wort ist wahr. Vertraue ihm. Er wird dich nicht in die Irre führen. Er wird sich selbst durch dich verherrlichen.«

Nitas Herz hüpfte vor Freude. Es war also wahr. Gott selbst hatte zu ihr gesprochen, und er hatte ihr hier genau die Worte bestätigt, die er zu ihr in ihrem Zimmer gesprochen hatte – hier, vor vierzehnhundert Menschen.

Nita war ganz aufgeregt. Einige Zeit nachdem die Gemeinde die Kirche verlassen hatte, wurde sie von der Empore gehoben Und in ihrem Herzen spürte sie, daß das noch nicht das Ende war: Er würde ein drittes Mal zu ihr sprechen.

Siegessicher beschloß Nita also, ihn um noch genauere Informationen zu bitten. Als die Krankenschwester am folgenden Morgen Nitas Bett frisch überzog, wurde Nita in einen Rollstuhl neben das Fenster gesetzt. Sonnenstrahlen fielen durch das Fenster auf die aufgeschlagene Bibel in ihrer Hand, und sie dachte über den Tag nach, an dem sie geheilt werden würde.

»Vater, Du hast mir das genaue Datum gesagt, an dem ich geheilt werden soll«, sagte sie. »Bitte, laß mich nicht den ganzen Tag darauf warten. Bitte sage mir doch auch die genaue Uhrzeit.«

Sie erwartete, daß jene Stimme von damals wieder zu ihr sprach. Aber sie hörte sie nicht. Doch dann vernahm sie eine innere Stimme, die zu ihr sagte, daß sie um halb vier Uhr nachmittags geheilt werden würde.

Nita meinte vor Freude zerspringen zu müssen. Sie wußte jetzt nicht nur, an welchem Tag alles geschehen würde, sondern auch die genaue Uhrzeit – sie würde am 11. Februar um halb vier Uhr nachmittags geheilt werden. Die Kraft Gottes würde sie heilen, und sie war gespannt darauf.

Sie konnte sich zwar nicht vorstellen, wie sie das Evangelium in ganz Asien verbreiten sollte, aber daß sie geheilt werden würde, dessen war sie sich vollkommen sicher. Gott hatte sie mit der übernatürlichen Gabe des Glaubens ausgestattet. In ihrem Geist war sie schon geheilt. Nun fehlte nur noch der Beweis!

In der Vergangenheit war Nita nach dem routinemäßigen Waschen am Nachmittag stets mit einem frischen Nachthemd versehen worden. Am 11. Februar hatte Nita jedoch eine andere Idee.

»Bringen Sie mir meine Hosen«, sagte sie.

Als Nita Gott an jenem Tag immer näher kam, versammelten sich die Menschen um sie, die sie gebeten hatte, an diesem Wunder teilzuhaben.

Um zwei Uhr trafen Colton und Suzanne ein. Sie waren ruhig und schweigsam. Sie wußten, daß der Boden, auf dem sie standen, bald heilige Erde sein würde. Nitas Gesicht leuchtete, und man konnte erkennen, daß bald etwas geschehen würde. Sie sprachen kein einziges Wort mit ihr, sondern setzten sich nur still neben sie und beteten ...

Dann betraten zwei Ärztinnen das Zimmer. Es waren gläubige Ärztinnen, die den Herrn liebten und die Nita während ihres langen Leidensweges begleitet hatten. Sie hatten keine Ahnung, was bald in jenem Zimmer geschehen sollte; Colton hatte sie nur zu einer Zeit des Gebetes eingeladen, und sie hatten sich geehrt gefühlt. Sie wußten, daß Nita Edwards nur wenige Menschen zu sich ließ ...

Gebet und Ehrfurcht erfüllten den Raum, und die übernatürliche Verwandlung begann. Die Kraft Gottes durchdrang von der rechten Seite ihres Bettes her wie ein großer, runder Feuerball den Raum. Die Herrlichkeit Gottes brach herein und überflutete jenes winzige Zimmer mit solcher Intensität, daß die darin versammelten Menschen völlig davon eingehüllt und erfüllt wurden. Es war, als blicke man direkt in die Mittagssonne, von deren Strahlen man jedoch nur einen winzigen Teil aufnehmen konnte.

Die Luft war erfüllt von herrlich prickelnder Elektrizität. Eine Million Voltstärken schienen durch ihren Körper zu strömen, und jede einzelne Zelle, jede Faser und jedes Gewebe ihres Körpers pulsierte Welle für Welle mit. Vergessen war die Welt um sie herum, vergessen waren die Menschen neben ihr. Sie wollte Jesus sehen.

Genau um halb vier betrat er dann den Raum mit blendender Herrlichkeit. Nita sah in sein Gesicht, und alles in ihr verlangte danach, ihn zu berühren. Ihre Heilung war nun nicht mehr so wichtig. Sie hatte vergessen, daß sie gelähmt war. Sie wollte ihn berühren ... wollte mit jener geheimnisvollen Quelle des Lichts und der Liebe verbunden sein.

Während sie ihn so ansah, bewegte er sich auf sie zu. Für sie gab es nun weder Raum noch Zeit. Sie war erfüllt von der unergründlichen Liebe Gottes. Er trat an das Fußende ihres Bettes, und dann streckte er seine nageldurchbohrte Hand nach ihr aus und berührte sie. Einmal.

Plötzlich zerbrachen die Ketten der Lähmung in Nitas Körper, und sie wurde über das Fußende des Bettes hinweg auf den Boden geschleudert.

Mit einem lauten Geräusch landete sie auf ihren Knien, und das erste, was sie spürte, waren die kalten, harten Fliesen unter ihr. Die göttliche Wärme, die sie bei der Berührung ihres Herrn gespürt hatte, war nun diesem erstaunlichen Erwachen gewichen. In den folgenden Tagen erkannte sie jedoch, daß Gott sie mit solch großer Wärme empfangen hatte, um sie dann danach zu einem glühenden Dienst unaufhörlichen Gebetes in die kalte Wirklichkeit der Welt hinauszusenden.

Seit einem Jahr hatte sie ihre Knie nicht mehr beugen können; jetzt beugte sie diese vor Jesus. Ihre Hände, die so lange Zeit zu nichts mehr zu gebrauchen gewesen waren, erhoben sich jetzt zum Gebet. Ihre Stimme war verstummt gewesen; nun füllten himmlische Worte ihren Mund und ergossen sich zu unendlichen Strömen des Lobes. Zum ersten Mal in ihrem Leben führte sie andere im Gebet.

»Er zweifelte nicht im Unglauben an der Verheißung Gottes, sondern wurde stark im Glauben, und er erwies Gott Ehre, fest davon überzeugt, daß Gott die Macht besitzt, zu tun, was er verheißen hat.«

(Römer 4,20-21)

Kapitel 8

Der Eintritt in das Königreich

Die Verwandlung

Matthäus, einer der Zwölf, erzählt diese Geschichte
in seinem Evangelium.

»Sechs Tage danach nahm Jesus Petrus, Jakobus und dessen
Bruder Johannes beiseite und führte sie auf einen hohen Berg.
Und er wurde vor ihren Augen verwandelt; sein Gesicht leuch-
tete wie die Sonne, und seine Kleider wurden blendend weiß wie
das Licht. Da erschienen plötzlich vor ihren Augen Mose und
Elija und redeten mit Jesus. Und Petrus sagte zu ihm: Herr, es
ist gut, daß wir hier sind. Wenn du willst, werde ich hier drei
Hütten bauen, eine für dich, eine für Mose und eine für Elija.
Noch während er redete, warf eine leuchtende Wolke ihren
Schatten auf sie, und aus der Wolke rief eine Stimme: Das ist
mein geliebter Sohn, an dem ich Gefallen gefunden habe; auf
ihn sollt ihr hören. Als die Jünger das hörten, bekamen sie große
Angst und warfen sich mit dem Gesicht zu Boden. Da trat Jesus
zu ihnen, faßte sie an und sagte: Steht auf, habt keine Angst! Und
als sie aufblickten, sahen sie nur noch Jesus.« *(Matthäus 17,1-8)*

Die Nacht, in der ich Jesus sah
Zola Levitt

Zola Levitt ist Musiker, Lehrer, Journalist und Psychologe. Der folgende Bericht ist seinem Buch »Corned Beef, Knishes, and Christ« entnommen und handelt von seinem innerem Kampf in der Frage, ob Jesus nun wirklich der Messias ist.

Jesus ist wesentlich größer, als ich es mir vorgestelllt hätte. Als ich ihn sah, trug er ein äußerst festliches, kastanienbraunes Gewand, das fein säuberlich in Falten gelegt war. Bis zur Mitte hin war es ungefähr 15 Zentimeter offen, und darunter konnte man das gebrochene Weiß einer Tunika erkennen.

Ich hatte gerade in meinem Sessel gesessen, gelesen und etwas meditiert. Da stand er plötzlich direkt vor mir, und ich mußte mich etwas zurücklehnen, um in sein Gesicht sehen zu können. Ich weiß noch, daß ich damals dachte, daß er sehr groß sein mußte – vielleicht so um die 1,93 – weil ich mich so sehr zurücklehnen mußte, um ihn sehen zu können. Außerdem erinnere ich mich daran, daß ich eben genau deswegen dachte, daß das, was ich sah, nicht real sein konnte.

Seine Gesichtszüge konnte ich nicht erkennen. Entweder verschwanden sie in der Decke oder ich war so von der Gegenwart Jesu überrascht, daß ich Jesu Gesicht gar nicht richtig wahrnahm. Sein Haar konnte ich allerdings erkennen. Es war hellbraun und reichte – wie auf den großartigen Darstellungen von Jesus – in wünderschönen Locken bis zu seinen Schultern herab.

Ich nahm auch Jesu Gesichtsausdruck wahr: Er wirkte gütig und wohlwollend. Hätte er zu mir gesprochen, dann hätte er wahrscheinlich gesagt:»Beruhige dich, mein Kind. Ich bin hier!«

Aber er sagte nichts, und er mußte nichts sagen; ich verstand seine Botschaft auch so.

Und genau in dem Moment, in dem mir bewußt wurde, daß ich Jesus ansah, verschwand er. Einfach so!

Dann wurde mir schwarz vor Augen, und ich meinte zu erblinden! Ich erinnere mich noch genau daran, wie erleichtert ich darüber war, als die Erscheinung verschwand. Danach sah ich jedoch nur noch graue Dunkelheit. Ich konnte nichts mehr erkennen. Es war, als sehe ich von einem Flugzeug aus auf eine dicke Wolkenwand. Ich drehte meinen Kopf etwas, aber noch immer konnte ich nichts erkennen.

Nach einem lauten Knall fand ich mich jedoch in der realen Welt meines Schlafzimmers wieder.

Mein Herz klopfte nicht mehr so stark, und trotz jenes geheimnisvollen Ereignisses war ich auch nicht sehr durcheinander. Ich saß einfach nur da und dachte, daß ich soeben Gott gesehen hatte. Und ich hatte etwas Angst davor, mich zu bewegen.

Nach ein bis zwei Minuten hatte ich meine Gedanken wieder geordnet, und ich versuchte, das Ereignis einzuordnen. »Schließlich«, dachte ich, »sitze ich hier schon eine ganze Weile und lese. Ich bin müde. Vielleicht bin ich ja nur kurz eingeschlafen. Vielleicht habe ich auch geträumt. Oder vielleicht habe ich mich so sehr in mein Bibelstudium und meine Gedanken über Jesus vertieft, daß ich mir das alles nur eingebildet habe. Vielleicht war es einfach nur so etwas wie ein Wunschtraum.«

Ich hatte mich schon lange mit dem Gedanken getragen, mein Leben Jesus Christus zu übergeben. Viele Menschen hatten mir von Jesus erzählt und mir den Herrn »gezeigt«. Vielleicht hatte ich mir ihn ja auch in meinen Gedanken vorgestellt, um ihn einmal aus unmittelbarer Nähe betrachten zu können. Aber das glaubte ich alles nicht. Ich wußte, daß ich Jesus wirklich gesehen hatte. Sie können jetzt denken, was Sie wollen, für mich war es so.

In derselben Nacht, ich glaube zumindest, daß es noch in jener Nacht war, ging ich zu Jesus im Gebet. Ich verbrachte viele Nächte in meinem Schlafzimmersessel, las die Bibel und dachte über Gott und mein Leben nach. Sie mögen jetzt vielleicht denken, daß es sich etwas seltsam anhört, daß ich, obwohl ich Jesus doch mit meinen eigenen Augen gesehen hatte, mich immer noch weigerte, ihm mein Leben zu übergeben. Aber das lag an meiner jüdischen Dickköpfigkeit. Tausende meiner Brüder in Israel weigerten sich täglich, ihn anzunehmen – und er war auch bei ihnen. (Man darf allerdings nicht vergessen, daß es auch Tausende gab, die ihn in ihr Leben aufnahmen.) Früher konnte ich es mir auch oft nicht verkneifen, manchen ach so selbstgefälligen Christen zu erwidern:»Ohne die mutigen Juden von damals, die zu Jesus hielten und die ersten Kirchen gründeten, würde euer Christentum doch überhaupt nicht existieren.« (Gott hätte da natürlich auch noch einen anderen Weg gefunden, aber ich kann es langsam nicht mehr hören, wie abfällig manche Christen von den Juden reden.)

Es war hart für mich, zu Jesus zu kommen, aber nicht, weil ich Jude war, sondern vor allem deswegen, weil ich glaubte, meine Angelegenheiten selbst besser regeln zu können als er. Jeden Tag fiel ich wieder in dieselbe Falle, und so geht es mir auch heute noch, obwohl ich genau weiß, daß das eigentlich lächerlich ist. Es fällt mir ungemein schwer, Zola Levitt das Steuer aus der Hand zu nehmen und an Jesus zu übergeben. Aber ich glaube, daß ich nicht der einzige bin, dem das so geht.

Wie ich dann schließlich meinen Weg zu Jesus fand, ist eine lange Geschichte, die ich später erzählen werde. Statt dessen möchte ich hier noch kurz etwas von dem»Alten Adam«erwähnen, dem »Alten Adam«, der starb, als Jesus bei meiner Wiedergeburt in mein Leben kam.

Dieser »Alte Adam« ist zwar schon einige Zeit tot, aber er dreht sich noch immer in seinem Grab hin und her. Ich würde am liebsten zu ihm sagen: »Ruhe in Frieden« – aber so etwas wie Frieden kennt er nicht.

> »Als Jesus von dort wegging, sah er einen Zöllner namens Levi am Zoll sitzen und sagte zu ihm: Folge mir nach! Da stand Levi auf, verließ alles und folgte ihm.«
>
> *(Lukas 5,27-28)*

Meine erste Begegnung mit Ihm
Joe Pawlak

Joe Pawlak arbeitete als Techniker in einer Fabrik in Chicago. Nach dem hier beschriebenen Ereignis am Michigansee kehrte er der Industrie den Rücken und widmete sich ganz dem Dienst der Heilung und der Verkündigung des Evangeliums. Durch ihn heilte der Herr viele Menschen. 1991 ging Joe Pawlak zu seinem Herrn in die Ewigkeit.

Ich sah Jesus Christus im Mai 1969.

Es war ein wunderschöner, warmer und sonniger Tag. Heute weiß ich, daß es Gott war, der mich an jenem Nachmittag in meiner Pause zum Ufer hinuntergeführt hatte. Es waren viele

Menschen dort, die sich ausruhten und etwas aßen. Fischer zeigten die großen Fische, die sie gefangen hatten.

Ich wollte mir gerade meinen Kaffee einschenken und etwas essen, als ich auf den Michigansee hinaussah. Plötzlich schien alles auf und um den See herum zu verschwinden, bis auf eine gerade Linie auf dem See, auf der Jesus über das Wasser auf mich zukam. Er wirkte größer als ein Telefonmast.

Ich sah plötzlich so wunderschöne Farben, wie ich sie noch nie gesehen hatte. Er trug Sandalen, ein wundervoll rotes Gewand und einen blauen Umhang. Sein Haar war dunkelbraun mit einem leichten Rotstich und reichte bis zu seinen Schultern herab. Seine Augen – von einem unbeschreiblichen Blau – waren die schönsten Augen, die ich je gesehen hatte. Er trug weder einen Schnurrbart noch einen Bart, sondern eine hauchdünne Haarlinie zog sich an seinem Unterkiefer entlang; es sah aus, als hätte ein Künstler einen feinen Pinselstrich von einer Seite zur anderen gezogen. Jesus selbst war von einem goldenen Strahlenkranz umgeben, und als er näher kam, sah ich in seine Augen voller Liebe, Mitgefühl und Schönheit. Oh, wie schön sie waren!

Er lief durch den Pier, die Autos und die Menschen, blieb auf der Motorhaube meines Autos stehen und streckte seine Hände aus, so als bete er über mir. Schließlich schlug er ein Kreuz.

Dann drehte er sich nach links und verschwand.

Genau in jenem Moment verschwand auch der alte Sünder in mir, und ich wurde wiedergeboren. Damals verstand ich das alles nicht. Ich war Katholik und hatte noch nie in der Bibel gelesen. Ich wußte nicht, daß Jesus den Menschen erschien, wußte nichts von Visionen und auch nichts von Geistesgaben. Ich hatte nicht gewußt, daß Jesus Menschen heilen konnte.

Danach weinte ich drei Tage und Nächte lang vor Freude.

»Er wird auftreten und ihr Hirt sein in der Kraft des Herrn, im hohen Namen Jahwes, seines Gottes. Sie werden in Sicherheit leben; denn nun reicht seine

Macht bis an die Grenzen der Erde. Und er wird der Friede sein.«

(Micha 5,3-4)

Reingewaschen
Burnie Davis

Burnie Davis trat seinen Dienst im Alter von 18 Jahren an. Er betete für Kranke – oft vor Tausenden von Menschen. Die folgende Geschichte ereignete sich während einer Missionsveranstaltung in Matamoros, Mexiko.

Eines Abends, als ich die Menschen, die sich um mich herum versammelt hatten, dazu ermutigte, ihr Leben Gott zu übergeben, kam eine Frau zu mir nach vorne gerannt. Sie bekannte mir ihre Sünden, fiel dann plötzlich nach hinten um und blieb auf dem Boden liegen. Ihre Lippen bewegten sich, aber man konnte nicht verstehen, was sie sagte. Sie hatte anscheinend eine Vision, was mich sehr beeindruckte.

Nach dem Gottesdienst ging ich dann mit einem Dolmetscher zu ihr und redete mit ihr über diese Vision. Sie erzählte mir, daß sie Jesus gesehen hatte, der auf sie zukam und seine Hände zu einer Schale geformt hatte. Als Jesus dann näher kam, sah sie, daß er Blut in seinen Händen trug, und sie wußte, daß es sein eigenes Blut war. Dann erzählte sie, daß Jesus sich zu ihr hinuntergebeugt habe und sie innerlich mit seinem eigenen Blut gewaschen habe.

»Und jetzt fühle ich mich so rein«, sagte sie. Ihr Gesicht leuchtete wie das Gesicht eines Engels. Das war meine erste Missionserfahrung, und dieser sollten noch viele außergewöhnliche Wunder folgen.

> »Ihr wißt, daß ihr aus eurer sinnlosen, von den Vätern ererbten Lebensweise nicht um einen vergänglichen Preis losgekauft wurdet, nicht um Silber oder Gold, sondern mit dem kostbaren Blut Christi, des Lammes ohne Fehl und Makel.«
>
> *(1. Petrus 18,19)*

Der Neubeginn
Richard H. Rice

Richard H. Rice, Mitglied der St. Paul's Methodist Church in Kensington, Maryland und Vorstandsmitglied des Fort Meade-Laurel Chapters des Full Gospel Business Men's Fellowship International arbeitete für ein Beratungsunternehmen in Bethesda, Maryland.

Der Glanz und die Herrlichkeit Gottes begannen für mich am 26. Juli 1945, als ich mit einer Gehirnlähmung zur Welt kam. Jene Herrlichkeit Gottes begleitete mich ständig, während die Lähmung immer mehr abnahm und meine Heilung schließlich sogar meine kühnsten Träume übertraf.

In der Schule bemerkte ich dann, daß ich ein Problem hatte und daß ich noch mehr Probleme bekommen würde, wenn ich nicht bald etwas unternahm – und zwar sehr bald. Dieses »etwas« geschah dann, als ich eines Abends im Lesesaal ein Gedicht las. Die Worte dieses Gedichtes zeigten mir, daß ich das, was ich suchte, nur bei Jesus Christus finden konnte.

In jenem Sommer arbeitete ich einige Zeit in einem christlichen Lager für unterprivilegierte Kinder des Bezirks Washington D. C. An meinem einundzwanzigsten Geburtstag fuhr ich dann, nachdem alle anderen schon zu Bett gegangen waren, mit einem meiner Kollegen in die Stadt, um dort ein wenig zu feiern. Als wir um halb zwölf zurückkamen, zog gerade ein Sturm auf. Um Mitternacht erhellte dann ein Blitz den Himmel, und oberhalb des Kreuzes auf dem nahegelegenen Berg sahen wir Jesus. Er runzelte die Stirn.

Für mich bedeutete dieses Stirnrunzeln, daß ich zwei Alternativen hatte. Entweder machte ich so weiter wie bisher und steuerte somit unausweichlich meinem Untergang entgegen, oder ich kehrte um und ging den guten Weg des Herrn. Er versicherte mir, daß, wenn ich aufhörte, gegen ihn anzukämpfen, mir das Heil sicher wäre. Eine Woche später, am 18. November 1967, besuchte ich dann den Abendgottesdienst einer Baptistenkirche in New Hampshire. In jener Nacht wachte ich dann schweißgebadet auf. Ich hatte mich noch immer nicht entschieden und hatte plötzlich Angst.

Das Eis in mir schmolz, und ich bat den Herrn Jesus, in mein Leben zu kommen, mich zu reinigen und mein ganz persönlicher Herr und Erretter zu werden.

Plötzlich spürte ich, wie eine große Last von mir genommen wurde, und ich erkannte, daß ich auch vom Haß, der so lange mein Leben bestimmt hatte, befreit worden war. Ich empfand einen wohltuenden Frieden, und eine Woge der Freude durchströmte meinen ganzen Körper. Einen Monat später eröffnete mir der Herr dann, daß ich keine Zigaretten mehr brauchte.

Damals rauchte ich eineinhalb Schachteln am Tag. Drei Tage später faßte ich keine einzige mehr an.

> »Geht durch das enge Tor! Denn das Tor ist weit, das
> ins Verderben führt, und der Weg dahin ist breit, und
> viele gehen auf ihm. Aber das Tor, das zum Leben
> führt, ist eng, und der Weg dahin ist schmal, und
> wenige finden ihn.«
>
> *(Matthäus 7,13-14)*

Die Berufung
Rev. Fred Steinmann

Reverend Fred Steinmann war ein bekannter Evangelist aus Lockport, Illinois.

Als kleiner Junge lebte ich mit meinen Eltern auf einer Farm in der Nähe von Joliet, Illinois. Die meiste Zeit verbrachte ich damit, meinem Vater bei der Arbeit auf der Farm zu helfen. Eines Tages sagte er zu mir, daß er jetzt auf das Feld zum Maisschälen ginge, ich jedoch zu Hause bleiben und in der Scheune arbeiten solle.

Einige Stunden später kam dann mein Vater weinend auf mich zugerannt. Er sagte: »Komm' mit mir ins Haus, mein Sohn. Ich will dir erzählen, was auf dem Maisfeld passiert ist.«

Dann erzählte er mir die folgende Geschichte: »Als ich auf dem Maisfeld arbeitete, kam ein großes helles Licht auf mich zu. Ich hatte solche Angst, daß ich mich zu Boden warf und versuchte, meine Augen mit meinen Händen zu bedecken. Aber es wollte mir nicht gelingen. Das Licht war zu hell, und es war einfach überall. Dann sah ich wieder auf, um Gott um Hilfe zu bitten, und da sah ich plötzlich Jesus. Ich sagte zu ihm: Ich kann Dich nicht ansehen, Herr, weil ich ein sündiger Mensch bin. Ich bekannte ihm alle meine Sünden, und dann berührte er mich. Ich sagte zu ihm: Ich bin kein sehr guter Redner, und mein Englisch ist auch nicht besonders gut, aber ich habe einen Jungen. Ihn will ich dir geben, er kann für Dich predigen. Und ich spürte, daß dies dem Herrn gefiel.«

Gott hatte schon damals meinem Vater gezeigt, daß ich eines Tages das Evangelium verkünden würde.

Einige Zeit später dann, nach meiner Bekehrung, fühlte ich mich einsam und traurig und war sehr schwermütig. Es schien, daß, je näher ich Gott kam, desto größer auch meine Probleme wurden. Aber meine Schwester half mir durch diese Zeit hindurch.

Eines Tages, als ich dann auf dem Feld arbeitete, setzte ich mich auf den Boden und las die Bibel. Ich las: »Vom Himmel herab ließ er dich seinen Donner hören, um dich zu erziehen. Auf der Erde ließ er dich sein großes Feuer sehen, und mitten aus dem Feuer hast du seine Worte gehört« (5. Mose 4, 36). Gott hatte dies zu Moses gesagt, und ich glaubte, daß dies auch mir galt und daß er auch mein Lehrer sein würde und vom Himmel herab zu mir sprechen würde. Ich glaubte fest daran, aber ich wußte nicht, wie dies funktionieren sollte.

Einige Monate später dann im Frühling war ich wie üblich im Heuschober und betete. Ich erzählte Jesus, daß ich nicht mehr in den Heuschober kommen würde, daß ich ihn jedoch noch immer liebte und auch weiterhin die Bibel lesen würde. Dann fing ich an, das Heu hinunterzuwerfen, und als ich einmal mit meiner Gabel in einen Heuhaufen stach, sah ich, wie plötzlich eine wunderschöne große Rose aus dem Heu emporwuchs. Die Blütenblätter öffneten sich und wurden zu Feuerzungen, die bis

unter das Scheunendach loderten. Ich meinte, die Scheune würde gleich anfangen zu brennen.

Es war ein schrecklicher Anblick, zu sehen, wie die Flammen
in die Höhe schlugen! Dann bemerkte ich jedoch, wie sich in
den Flammen der Umriß einer Person abzeichnete, und ich
erkannte, daß diese Person Jesus war. Er sah mich an, kam auf
mich zu und sagte zu mir: »Geh hinaus und predige das Evangelium. Ich werde bei dir sein.«

Er sah mir in die Augen, und ich antwortete: »Ja, Herr, ich
werde gehen.« Und dann waren die Rose, die Flammen und auch
Jesus wieder verschwunden.

Einige Jahre später, während der Zeit der großen Depression,
predigte ich das Evangelium in den Slums von Chicago. Es kam
nicht selten vor, daß ich nichts zu essen hatte und auf irgendwel-
chen Gängen schlief. Eines Tages dann im Chicago Loop, völlig
ausgehungert und mit lediglich fünf Cents in der Tasche, ging
ich in ein kleines Lokal, in dem man für fünf Cents einen Teller
Suppe haben konnte.

Ich betrat also das Lokal. Die Kellnerin kam auf mich zu und
sah mich an wie einen Außerirdischen. Sie fragte mich, was ich
essen möchte, und ich antwortete, daß ich nur einen Teller Suppe
haben wollte. Sie fragte mich, was ich außer der Suppe noch
essen wollte, und ich wiederholte. »Nur die Suppe.«

Als die Kellnerin wiederkam, brachte sie mir die Suppe und
ganze Teller mit Essen, die sie wortlos vor mich hinstellte. Ich
dankte dem Herrn kurz für dieses Festmahl, und als ich zu essen
anfangen wollte, erschien Jesus genauso plötzlich wie damals in
der Scheune. Er hob seine Hände wie zum Segen und verschwand dann wieder. Als ich zu Ende gegessen hatte, rief ich
die Kellnerin und sagte ihr, daß ich kein Geld hatte, für das ganze
Essen zu bezahlen.

»Wer hat gesagt, daß Sie das alles bezahlen sollen?« fragte
sie. Ich war neugierig und fragte sie, weshalb sie mir soviel
gebrachte hatte und weshalb sie mich, als ich hereingekommen
war, so seltsam angesehen hatte.

»Ja, das ist eine lustige Geschichte«, sagte sie. »Als Sie hereingekommen sind, sagte jemand zu mir: ›Gib diesem Mann zu essen. Gib ihm, soviel er essen kann, egal, ob er dafür bezahlen kann oder nicht.‹ Und das habe ich getan.«

»Und wissen Sie, wer das zu Ihnen gesagt hat?«

»Nein«, antwortete sie schnippisch.

»Es war Jesus«, sagte ich. »Ich sah ihn, während ich hier gegessen habe. Wenn Sie ihn noch nicht kennen, dann sollten Sie ihn kennenlernen. Er ist für Sie gestorben. Ich weiß nicht, wer Sie sind, Miss, aber ich weiß, daß es auch in Ihrem Leben Sünde gibt, und für genau diese Sünde ist Jesus gestorben. Damit Ihnen Ihre Sünde vergeben wird.«

Tränen liefen über ihr Gesicht, und ich bat sie, nicht zu weinen, da sich auch noch andere Gäste in dem Lokal befanden. Bevor ich sie dann verließ, bat ich sie, den Herrn in ihr Leben aufzunehmen, und erzählte ihr, daß, wenn sie es tat, ich sie ganz sicher im Himmel wiedersehen würde. Als ich dann ging, stand sie noch immer da und wischte sich mit ihrer Schürze die Tränen aus dem Gesicht.

»Wenn ich nämlich das Evangelium verkünde, kann ich mich deswegen nicht rühmen; denn ein Zwang liegt auf mir. Weh mir, wenn ich das Evangelium nicht verkünde!«

(1. Korinther 9,16)

Kapitel 9

Anbetung

Die himmlische Vision des Johannes

Der Apostel Johannes erhielt diese Vision der himmlischen Anbetung während der letzten Jahre seines
Lebens, die er im Exil auf der Insel Patmos verbrache.

»Ich sah, und ich hörte die Stimme von vielen Engeln rings um
den Thron und um die Lebewesen und die Ältesten; die Zahl der
Engel war zehntausendmal zehntausend und tausendmal tausend. Sie riefen mit lauter Stimme: Würdig ist das Lamm, das
geschlachtet wurde, Macht zu empfangen, Reichtum und Weisheit, Kraft und Ehre, Herrlichkeit und Lob. Und alle Geschöpfe
im Himmel und auf der Erde, unter der Erde und auf dem Meer,
alles, was in der Welt ist, hörte ich sprechen: Ihm, der auf dem
Thron sitzt, und dem Lamm gebühren Lob und Ehre und Herrlichkeit und Kraft in alle Ewigkeit. Und die vier Lebewesen
sprachen: Amen. Und die vierundzwanzig Ältesten fielen nieder
und beteten an.« *(Offenbarung 5,11-14)*

Wahre Anbetung
Rev. Roxanne Brant

Bevor Roxanne Brant in den Dienst ging, studierte sie Medizin und Klavier. Eines Tages hatte die militante Agnostikerin jedoch in der Bibliothek eine Begegnung mit Jesus, die ihr Leben verändern sollte – sie wurde Christin. Daraufhin studierte sie Theologie an der Gordon Divinity School, der Harvard Divinity School und der Boston University School of Theology.

Vor einigen Jahren hatte ich ein unvergeßliches, übernatürliches Erlebnis, das mein Leben nachhaltig beeinflußte. Mir wurde klar, daß ich mich vorrangig in den Dienst des Herrn stellen wollte und daß es nicht genug war, den Herrn nur zu loben, sondern daß man ihn auch anbeten mußte. Der Herr selbst zeigte mir den Unterschied zwischen Lob und Anbetung, und zwar in einer Presbyterianerkirche, in der ich eine Predigt halten sollte.

Wir sangen zwanzig Minuten lang die üblichen Lieder, mit denen wir Gott dafür dankten und lobten, daß jemand geheilt oder errettet worden war – Lieder wie zum Beispiel »Er rührte mich an«, »Seliges Wissen, Jesus ist mein«, »Ich fand die Gnade wunderbar«.

Danach stand der Pastor auf und stellte mich vor. Plötzlich sah ich jedoch neben dem Pastor Jesus stehen. Noch nie in meinem Leben hatte ich jemanden so traurig gesehen. Seine samtbraunen Augen füllten sich mit Tränen, die sich dann ihren Weg über seine Wangen bahnten und schließlich zu seinen Füßen niederfielen. Er gab keinen Ton von sich und bewegte sich auch nicht. Die Tränen strömten nur lautlos über sein Gesicht und fielen dann zu Boden. Seine Einsamkeit ging auf mich über, und ich empfand das Bedürfnis, ihn zu trösten. Wie einsam er war, einsam unter so vielen der Seinen!

Dann verschwand er genauso schnell, wie er erschienen war, und mir war sofort klar, weshalb er geweint hatte. Er war so einsam, weil wir zwar von ihm sangen, er aber trotzdem außen vor blieb. Kein Wunder, daß er weinte; kein Wunder, daß er einsam war. Ich war so mit dem beschäftigt, was ich gerade gesehen hatte, daß ich ganz vergessen hatte, daß ich soeben der Gemeinde vorgestellt worden war. Ich stand also auf und wandte mich der Gemeinde zu. Ich war noch so von diesem Erlebnis ergriffen, daß ich kaum ein Wort hervorbrachte und die Seufzer, die in mir aufstiegen, unterdrücken mußte. Schließlich rang ich mich jedoch zu einigen wenigen Worten hindurch. Ich sagte: »Laßt uns nun Jesus anbeten.«

Und in dem Moment erfüllte der Heilige Geist den Altarraum und fuhr wie ein weicher Wind über eine riesige, göttliche Harfe. Während der folgenden fünfzehn bis zwanzig Minuten führte der Heilige Geist die ganze Gemeinde in ihrem Gesang, der so schön war, wie ihn kein Mensch hätte komponieren können. Wir waren die Instrumente, mit denen der Heilige Geist den Herrn Jesus Christus anbetete. Er hatte unsere kümmerlichen musikalischen Versuche gesehen und erfüllte uns nun mit seinen eigenen perfekten, heiligen Gesängen der Anbetung.

Wir brauchten einander, wir den Geist und der Geist uns! Ich weiß auch noch, wie sich ein Mann, der auf der einen Seite des Raumes stand, und eine Frau auf der gegenüberliegenden Seite wohlklingende Kaskaden prophetischer Anbetung in den verschiedensten Tonlagen zusangen und den Herrn damit anbeteten. Passagen der Offenbarung wurden lebendig. Der Heilige Geist war in seiner Herrlichkeit und Größe so unmittelbar ge-

genwärtig, daß wir meinten, an einem himmlischen Bankett teilzunehmen und jede Minute vom König der Könige aufgefordert zu werden, an seinem Arm den Mittelgang nach vorne zu schreiten.

Nach einiger Zeit zog der Heilige Geist dann wieder seine Hand zurück, und ich wußte, daß es jetzt Zeit war für die Botschaft Jesu. Jesus selbst sprach zu mir und sagte: »Du hast mir gedient, und so will ich nun dir dienen.« Dann stand ich auf und hielt eine Predigt zum Thema »Jesus dienen«.

Ich erzähle diese Geschichte hier, weil ich davon überzeugt bin, daß Jesus nicht selten alleine in unseren Gottesdiensten herumsteht – in Gottesdiensten, von denen wir doch behaupten, sie in seinem Namen abzuhalten. Es gibt so viele Gottesdienste, die nur von Lob handeln, davon, was Gott für uns getan hat, die seine Gegenwart aber völlig außer acht lassen. Was wir jedoch brauchen, sind Anbetungsgottesdienste. Gottesdienste in denen die Gläubigen sich der unmittelbaren Gegenwart Gottes bewußt sind und ganz in diese Gegenwart eintauchen und ihn erkennen können.

»Jesus sprach: ... Aber die Stunde kommt, und sie ist schon da, zu der die wahren Beter den Vater anbeten werden im Geist und in der Wahrheit; denn so will der Vater angebetet werden. Gott ist Geist, und alle, die ihn anbeten, müssen im Geist und in der Wahrheit anbeten.«

(Johannes 4,2.23-24)

Halleluja!
Vaughn Besnyl

Nachdem er einige Zeit in Äthiopien verbracht hatte, kam der Armenier Vaughn Besnyl nach Amerika. Er erzählt die folgende Geschichte.

Als ich eines Tages in finanzielle Schwierigkeiten geriet, erkannte ich meine generelle Unfähigkeit, bestimmte Dinge in den Griff zu bekommen. Irgend etwas stimmte mit meinem Leben nicht. Irgend etwas fehlte. Ich hatte oft Träume, und oft hatten diese Träume auch eine ganz bestimmte Bedeutung. Im Januar 1970 träumte ich dann, daß ein langjähriger Freund zu mir kam und mich auf die Stirn küßte.

Als ich dann am nächsten Morgen mit meiner Frau über diesen Traum sprach, fragte sie mich nach dem Namen meines Freundes.

»Hampartsoum«, antwortete ich.

Carolyn ist keine Armenierin und fragte deshalb: »Was bedeutet das?«.

»Auferstehung oder Wiedergeburt«, antwortete ich.

Später ging ich dann in meinen Laden, betete und übergab mein Leben dem Herrn. Ich wußte, daß ich durch ihn wiedergeboren war.

Eines Tages kam dann ein Mann in meinen Laden und sagte: »Ich habe gerade getankt, und irgendwie hatte ich dann plötzlich das Bedürfnis, zu Ihnen zu gehen. Sind Sie vielleicht Christ?«

Ich bestätigte seine Vermutung, und während der folgenden drei Monate kam er immer wieder zu mir herein, unterhielt sich mit mir und lud mich zu einer christlichen Veranstaltung ein. »Kommen Sie doch einmal zu unserem Full Gospel Business Men's Dinner im Covina Chapter. Danach werde ich Sie auch nie mehr belästigen.« Schließlich nahm ich seine Einladung an.

Dieses Treffen und vor allem all die Menschen mit ihren erhobenen Händen und dem nach oben gewandten Blick erschienen mir sehr seltsam. Ich sah auch nach oben und sagte mir dann: *Diese Menschen sehen etwas, das ich nicht sehe.*

In dieser Nacht tat ich kein Auge zu.

Im Monat darauf besuchte ich dann zum zweiten Mal ein solches FGMBFI-Dinner. Die Menge sang »Halleluja«. Ich schloß meine Augen und erhob wie alle anderen meine Hände. Plötzlich sah ich den Herrn Jesus, ganz in Weiß gekleidet. Er legte seine linke Hand auf meinen Kopf und taufte mich in seinem Heiligen Geist.

Ich rief laut: »Er lebt! Er lebt!« Jener Moment hat mein Leben verändert.

Am nächsten Tag ging ich dann um acht Uhr in meinen Laden, und als ich eine Schublade meines Schreibtisches aufzog, lag dort ein Bild Jesu, das Jesus genau so zeigte, wie ich ihn in meiner Vision gesehen hatte. Völlig verblüfft dachte ich, daß Gott es dorthin gelegt haben mußte.

Später erfuhr ich dann jedoch, daß unser Pastor es einem meiner Verkäufer für mich gegeben hatte. Dieses Bild begleitet mich nun überall hin – eines hängt in meinem Haus, ein zweites in meinem Büro und ein drittes in meinem Auto.

Wenn es mir früher schlecht ging, versprach ich Gott oft viel und vergaß ihn dann danach schnell wieder. Aber dieses Mal war es anders: Jetzt begleitet mich nicht nur sein Bild überall hin. Er selbst lebt jetzt in mir.

Kurze Zeit nachdem mir Jesus erschienen war, erhielt Carolyn einen Telefonanruf aus dem Krankenhaus. Unser Sohn Randy war beim Skateboardfahren gestürzt und lag nun schwer verletzt im Krankenhaus. Er hatte eine Gehirnerschütterung, gebrochene Rippen, höchstwahrscheinlich ein gebrochenes Becken und eine Verletzung am Knie.

Am folgenden Morgen, bevor wir ins Krankenhaus fuhren, betete ich in meinem Laden. Ich sagte zum Herrn:»Ich habe Dich als meinen Herrn angenommen. Bitte, heile Du nun meinen Jungen. Zeige mir, wie mächtig Du bist. Ich werde jetzt ins Krankenhaus gehen, um dort zu sehen, wie Du unseren Sohn heilst.«

Als ich das Zimmer betrat, in dem Randy lag, schlief er noch. Ich weckte ihn, und er war sehr überrascht darüber, daß er im Krankenhaus war. Er hatte keine Schmerzen. Es ging ihm gut.

Dann kam der Arzt herein. Er glaubte seinen Augen und Ohren nicht. Noch am Tag zuvor waren Röntgenaufnahmen von Randys gebrochenen Rippen und der Gehirnerschütterung gemacht worden, und jetzt war er plötzlich wieder völlig gesund.

Der Arzt wandte sich Randy zu und fragte ihn:»Wie heißt du?«

»Randy.«

Er fuhr fort:»Wieviel ist fünf und fünf?«

»Zehn.«

»Und einhundert mal zwei?«

»Zweihundert.«

Daraufhin drehte sich der Arzt zu mir um und sagte:»Das muß Gott gemacht haben, Vaughn! Sie müssen für ihn gebetet haben. Sie können ihn mit nach Hause nehmen.«

> »Ich bin gekommen, um Feuer auf die Erde zu werfen. Wie froh wäre ich, es würde schon brennen! Ich muß mit einer Taufe getauft werden, und ich bin sehr bedrückt, solange sie noch nicht vollzogen ist.«
>
> *(Lukas 12,49-50)*

Von Ihm berührt
Thomas May

Thomas May wurde 1973 errettet und auf wundersame Weise von seiner Alkohol- und Drogenabhängigkeit befreit. Er arbeitete einige Zeit als Hilfs- und Jugendpastor in einer Assemblies-of-God-Kirche in seiner Heimatstadt Chicago und ist noch immer in der Jugendarbeit tätig.

Anfang 1981, als ich das North Central Bible College besuchte, ging ich auch zu einigen Veranstaltungen des Minneapolis Gospel Tabernacles.

Einer der Redner war der Indienmissionar Mark Buntain. Ich setzte mich in eine der vordersten Reihen und hörte ihm zu. Er sprach gerade lebhaft von der heilenden Kraft Jesu CHRISTI. Er erzählte von Menschen, die von Krebs oder anderen tödlichen Krankheiten geheilt worden waren. Es schien, als wuchs unser Glaube mit jedem dieser Berichte. Diese Zeugnisse spendeten Leben! Und wir lobten Gott und beteten ihn an.

Doch plötzlich hörte ich die Worte: *Du glaubst das alles doch gar nicht.* Ich ignorierte die Stimme und fuhr mit meinem Gebet fort. Und wieder hörte ich die Stimme: *Du glaubst das alles nicht.* Dann begriff ich, daß der Heilige Geist zu mir sprach.

»Nein, das stimmt nicht, Herr!« antwortete ich, aber er tadelte mich und sagte mir erneut, daß ich diese Geschichten eigentlich gar nicht wirklich glaubte. Schließlich gestand ich mir ein, daß mein Glaube hier, innerhalb dieser Mauern, vielleicht ganz groß war, in der Welt da draußen jedoch versagte. Eigentlich glaubte ich gar nicht daran, daß er Menschen von Krebs heilen konnte.

Ich fragte ihn: »Herr, warum kann ich nicht von ganzem Herzen glauben?« Und er zeigte mir, daß sich mein Herz beim Tod meines Vaters, der an Krebs gestorben war, verhärtet hatte. Ich erkannte, daß ich es dem Herrn bis zu diesem Tag nicht verziehen hatte, daß er mir meinen Vater genommen hatte.

Ich brachte nun meinen Schmerz und meine Sünde vor den Herrn. Er vergab mir. Der Heilige Geist erinnerte mich dann an Tom, einen meiner Freunde aus dem Bible College, der Lymphkrebs hatte und ebenfalls an dieser Veranstaltung teilnahm, und ließ mich unaufhörlich beten. Ich mußte für Tom beten und daran glauben, daß er geheilt werden konnte. Dann sagte der Herr zu mir: *Er ist geheilt.*

Ich saß an einem der Gänge und hatte meine Augen nicht mehr geöffnet, seit der Heilige Geist das erste Mal zu mir gesprochen hatte. Plötzlich sah ich Jesus am Eingang des Altarraumes stehen. Und genau in diesem Moment sagte der Missionar mitten in seiner Predigt: »Jesus ist jetzt mitten unter uns!«

»Ja, das ist er!« sagte ich. Ich sah, wie Jesus den Gang entlang, ging und all diejenigen berührte, die ihre Hände vertrauensvoll nach ihm ausstreckten. Und wieder sagte der Missionar: »Und er verteilt Gaben an die, die Gaben empfangen wollen!« Ich sah, wie Jesus an mir vorbei nach vorne ging und dann durch einen anderen Gang schritt. Er hatte mich berührt.

Wir versanken immer tiefer in unsere Anbetung. Das nächste, was ich dann hörte, war ein lauter Knall. Ich öffnete meine Augen und sah meinen Freund Tom, den Krebspatienten, in meiner unmittelbaren Nähe auf dem Boden liegen. Die mächtige Gegenwart Jesu mußte ihn umgeworfen haben. Seine Augen waren geschlossen, und seine Lippen bewegten sich wie zum Gebet. Ich wußte, daß Tom nicht der sentimentale und gefühlsbetonte Typ war, also mußte der Herr an ihm gewirkt haben.

Dann sprach der Herr zu mir: *Geh zu ihm und sage ihm, daß er geheilt ist.*

Ich bat Gott, daß er doch den Redner zu Tom schicken sollte.

Aber der Herr sprach: *Nein, du machst es!*

Ich bat den Herrn, den Prediger oder den Hilfsprediger zu beauftragen, aber jedesmal erhielt ich dieselbe Antwort: *Nein, du machst es!*

Da bekannte ich ihm: »Herr, ich kann es nicht!«

Und der Heilige Geist antwortete mir: *Das stimmt, du kannst es nicht, aber ich kann es. Du mußt nur das bezeugen, was du gesehen hast.*

Nun wußte ich, daß ich meinem Freund mit Sicherheit sagen konnte, daß er geheilt war, weil ich seine Gegenwart mit meinen eigenen Augen gesehen hatte. Das tat ich dann auch, und wir priesen Gott in der belebenden Gegenwart des Heiligen Geistes.

»Jesus sagte zu ihm: Wenn du kannst? Alles kann, wer glaubt. Da rief der Vater des Jungen: Ich glaube; hilf meinem Unglauben!«

(Markus 9,23-24)

Kapitel 10

Zum Dienst berufen

Die Berufung des Samuel

Samuels Geburt war die Antwort auf die Gebete
seiner Mutter. Voller Dankbarkeit überließ Hanna den
Jungen, wie sie es versprochen hatte, dem Herrn. Von
der Zeit, da er entwöhnt war, lebte er dann im Tempel
und wurde ein großer Prophet und Richter des Volkes
Israel.

»Der junge Samuel versah den Dienst des Herrn unter der
Aufsicht Elis. In jenen Tagen waren Worte des Herrn selten;
Visionen waren nicht häufig. Eines Tages geschah es: Eli schlief
auf seinem Platz, seine Augen waren schwach geworden, und er
konnte nicht mehr sehen. Die Lampe Gottes war noch nicht
erloschen, und Samuel schlief im Tempel des Herrn, wo die Lade
Gottes stand. Da rief der Herr den Samuel, und Samuel antwortete: Hier bin ich. Dann lief er zu Eli und sagte: Hier bin ich, du
hast mich gerufen. Eli erwiderte: Ich habe dich nicht gerufen.
Geh wieder schlafen! Da ging er und legte sich wieder schlafen.
Der Herr rief noch einmal: Samuel! Samuel stand auf und ging
zu Eli und sagte: Hier bin ich, du hast mich gerufen. Eli erwiderte: Ich habe dich nicht gerufen, mein Sohn, Geh wieder
schlafen! Samuel kannte den Herrn noch nicht, und das Wort des
Herrn war ihm noch nicht offenbart worden. Da rief der Herr
den Samuel wieder, zum drittenmal. Er stand auf und ging zu
Eli und sagte: Hier bin ich, du hast mich gerufen. Da merkte Eli,
daß der Herr den Knaben gerufen hatte. Eli sagte zu Samuel:
Geh, leg dich schlafen! Wenn er dich wider ruft, dann antworte:

Rede, Herr; denn dein Diener hört. Samuel ging und legte sich an seinem Platz nieder. Da kam der Herr, trat zu ihm heran und rief wie die vorigen Male: Samuel, Samuel! Und Samuel antwortete: Rede, denn dein Diener hört. Der Herr sagte zu Samuel: Fürwahr, ich werde in Israel etwas tun, so daß jedem, der davon hört, beide Ohren gellen.« *(1. Samuel 3,1-11)*

Die Treppe
Norris Wogen

Reverend Norris Wogen war Organisator und Präsident der ersten und zweiten International Lutheran Conferences on the Holy Spirit in Minneapolis, Minnesota. Er hält Vorträge überall in Amerika und auch in Europa.

Als ich im Konfirmandenalter war, also so zwischen zwölf und vierzehn, erhielt ich meinen ersten Ruf. Das ist gar nicht so ungewöhnlich. In der alten Evangelical Lutheran Church wurde vor einigen Jahren einmal eine Untersuchung durchgeführt, die besagte, daß Gott ungefähr sechzig Prozent der ELC-Pastoren zum ersten Mal im Konfirmandenalter in den Dienst berufen hatte. Einer meiner Brüder, der auch Pastor ist, erhielt seinen ersten Ruf ebenfalls in diesem Alter.

Ich hatte damals eine Vision von Jesus. Ich sah eine riesige goldene Treppe, die von der Erde bis hoch in den Himmel führte. Ganz oben auf dieser Treppe stand Jesus mit einem langen Gewand bekleidet in seiner ganzen Herrlichkeit. Zu beiden

Seiten der Treppe schwebte eine Ehrengarde Engel wie ein flatterndes Band auf und ab. Ich vernahm keinen Laut, sondern sah nur die unbeschreibliche Schönheit der herrlichen Majestät Gottes. Damals war ich so von Gott begeistert, daß ich ihn bat, mich auf keinem anderen Gebiet außer dem Dienst an ihm erfolgreich sein zu lassen – daß er mich, wenn es sein mußte, auch mit Gewalt zum Dienst zwingen sollte.

Bis vor zwei Jahren habe ich niemandem etwas von dieser Vision erzählt. Als zwölftes Kind in einer Familie von dreizehn Kindern hatte ich Angst, ausgelacht zu werden. Ich wollte nicht, daß sich jemand über etwas, das mir so viel bedeutete, lustig machte. Und während der folgenden Jahre war diese Vision eine ständige Quelle der Inspiration für mich.

»Da hatte Jakob einen Traum: Er sah eine Treppe, die auf der Erde stand und bis zum Himmel reichte. Auf ihr stiegen Engel Gottes auf und nieder. Und siehe, der Herr stand oben und sprach: Ich bin der Herr, der Gott deines Vaters Abraham und der Gott Isaaks. Das Land, auf dem du liegst, will ich dir und deinen Nachkommen geben.«

(1. Mose 28,12-13)

Ein neuer Apostel
Rev. June Newman Davis

Die folgende Vision, die June Davis auch in ihrem
Buch »The Shaping of an Apostle« beschreibt, gab
ihr in vielen schwierigen Situationen ihres Lebens
immer wieder neuen Mut. Nach ihrer Errettung empfand sie den glühenden Wunsch, sich in den Dienst
Gottes zu stellen.

Nachdem ich Jesus mein Leben übergeben hatte, umfing mich
seine liebende Gegenwart jedesmal, wenn ich anfing zu beten –
ein Gefühl, das ich vorher nicht gekannt hatte.

Vier Tage nach meiner Bekehrung – ich lag gerade auf
meinem Bett und betete im Dunkeln – sah ich (vor meinen
Augen) eine Vision in leuchtend hellen Farben. Oberhalb meines
Bettes sah ich zunächst die gefalteten, nägeldurchbohrten Hände
Jesu, dann seinen rechten Arm und seine rechte Schulter, und
schließlich erschien auch sein wunderschönes, leuchtendes Gesicht. Ich bemerkte sogar das Rosa seiner Wangen. Dann sah ich
seine linke Schulter und seinen linken Arm, und schließlich ließ
ich meinen Blick wieder zu seinen Händen hinuntergleiten.

Ich weiß nicht, wie lange diese leuchtende und sichtbare
Gegenwart des Herrn oberhalb meines Bettes angehalten hatte.
Ich weiß nur, daß ich sein Gesicht genauer betrachtete. Er hatte
die schönsten Augen, die ich je gesehen hatte: Sie waren blau,
so blau wie die Tiefen des Ozeans. Ich war überrascht, da ich

immer gedacht hatte, daß er braune Augen haben würde. Sein braunes, in der Mitte gescheiteltes Haar, hatte einen leicht goldenen Schimmer und fiel in weichen Locken auf seine Schultern herab. Er trug einen dünnen Schnurrbart und einen nicht sehr fülligen Bart, der sich an seinem Kinn teilte, und so sah es aus, als fehle in der Mitte etwas.

Über seinen Schultern hing ein violettblaues Gewand und darunter noch ein weißes Gewand, das am Halsausschnitt hervorlugte. Er saß einfach nur mit gefalteten Händen da. Später erfuhr ich dann, daß »sitzen« bedeutet, daß eine Arbeit vollendet ist. Ich fühlte, daß ich innerlich zerbrochen war und es nun an der Zeit war, die Scherben meines Lebens wieder zusammenzufügen.

Als ich den Herrn so über mir sah, fing ich vor Freude an zu weinen und rief: »Oh, Jesus, Du bist so schön! Ich dachte immer, Du seist häßlich und wenig liebenswert.« Er lächelte. Und die ganze Zeit über, während ich mit ihm sprach, meinte ich, oberhalb meines Bettes in der Luft zu schweben. Es war einfach herrlich. Ich werde dieses Erlebnis nie vergessen.

Eine Woche nachdem ich Jesus das erste Mal gesehen hatte, erschien er mir ein zweites Mal. Ich saß gerade in der Küche und las die Bibel. Ich sah auf und sah ihn auf der anderen Seite des Raumes stehen. Er trug das weiße Gewand eines Dieners, das um die Taille von einer Kordel zusammengehalten wurde. Dieses Mal erschien er mir in grau-braun.

Er ging auf mich zu und sagte zu mir: »June, bemühe dich darum, dich vor Gott zu bewähren« (2. Timotheus 2,15). Daraufhin sprang ich heftig zitternd von meinem Stuhl auf. Obwohl ich durch ihn hindurchsehen konnte, stand er doch wirklich vor mir. Auch seine Stimme konnte ich deutlich hören.

Mit zitternder Stimme fragte ich ihn: »Wie kann ich wissen, daß das alles kein Traum ist?« Wenn ich nicht zwischen dem Tisch und den Stühlen eingeklemmt gewesen wäre, wäre ich wahrscheinlich vor lauter Aufregung ohnmächtig geworden und umgefallen.

Er antwortete mir:»Du mußt glauben – *glauben* – *glauben!*« Bei diesen Worten preßte er seine eine Hand gegen die Innenfläche der anderen, und genau in dem Moment duchrströmte mich ein unbeschreibliches Gefühl, das immer stärker wurde, je öfter er das Wort»glauben« sagte. Damals habe ich das Geschenk des Glaubens empfangen – eines Glaubens, der Gott alles zutraut. Er wußte auch, daß ich noch mehr von Midian kennenlernen sollte, noch mehr Wüstenerlebnisse haben sollte.

Während dieser Zeit verlief vieles in meinem Leben nicht so, wie ich es mir gerne gewünscht hätte. Ich betete dann jedoch zu Jesus, und er nahm mir meinen Schmerz und meine Verletztheit ab und ließ mich den Himmel sehen. Damals passierte es nicht selten, daß meine Kinder zu mir kamen und eine vor Freude weinende Mutter vorfanden, was sie jedoch nicht verstanden.

Eines Tages dann, als ich dem Erretter wieder einmal mein Herz ausgeschüttet hatte, spürte ich, wie mich jemand berührte. Ich drehte mich um, und da sah ich Jesus ganz in Weiß gekleidet, der auf meiner Bettkante saß. Und plötzlich spürte ich, wie ich innerlich ruhig wurde und ein unglaublicher Friede meinen ganzen Körper durchströmte. Ich glaube, es war auch an jenem Tag, daß er zu mir sagte:»Du schenkst ihm Ruhe und Frieden; denn er verläßt sich auf dich« (Jesaja 26,3). Auf diese Weise lernte ich viele Bibelstellen, und jede einzelne brannte sich zusammen mit den übernatürlichen Erfahrungen in mein Gedächtnis ein.

Ich las dann unablässig in der Bibel und fragte eine Freundin, was ich machen konnte, damit ich das, was ich las, noch besser verstand. Sie antwortete mir:»Zitiere jeden Tag Jakobus 1,5 und Johannes 14,26, bevor du in der Bibel liest, und bitte den Herrn, dir Verständnis zu schenken, damit du seine Wahrheit erkennst, die er dir an diesem Tag schenken will.«

Es dauerte nicht lange, bis ich die ersten Erfolge dieses Gebetes sah. Ich verstand viele Dinge jetzt besser, und jede Bibelstunde, die ich besuchte, war wie ein Festmahl für mich.

Ich hatte so viele Offenbarungen erhalten – fünf Visionen von Jesus in den ersten sechs Monaten meines Weges mit ihm! Da ich das Buch der Offenbarung noch nicht gelesen hatte, war eine Vision äußerst verblüffend für mich.

Ich besuchte eines Tages eine Veranstaltung, auf der Kevin Ranaghan eine großartige Predigt über die Herrschaft Jesu hielt. Plötzlich standen die dreitausend Menschen, die sich in diesem Ballsaal versammelt hatten, auf und priesen den Herrn.

Und während ich ebenfalls aufstand und den Herrn pries – allerdings mit offenen Augen, weil ich so etwas noch nie zuvor getan hatte –, sah ich, wie sich langsam die gesamte Decke des Gebäudes in Luft auflöste. Ich sah einen strahlendblauen Himmel und eine Wolke, auf der der »verherrlichte Christus« stand (Offenbarung 1,13-15). Seine Haare waren weiß wie weiße Wolle, er trug glänzende Gewänder und einen goldenen Gürtel, und Feuerflammen schossen aus seinen Augen, direkt auf mich zu!

Es war großartig! Ich dachte, daß jeder ihn sehen konnte; man mußte ihn einfach sehen. Er stand einfach nur da und freute sich an unserem Lobpreis.

In jenem Moment meinte ich, Gott zu sehen, und dachte: *Jetzt werde ich sterben müssen, weil ich Gott gesehen habe.* Wahrscheinlich dachte ich das, weil er völlig anders ausgesehen hatte, als die Male zuvor mit den braunen Haaren und den blauen Augen.

Jetzt passiert es auch schon einmal, daß nach einer Predigt jemand auf mich zukommt und mir erzählt, er habe Jesus neben oder über mir stehen sehen. In Neuseeland zum Beispiel predigte ich einmal in einer Presbyterianerkirche, und der erste Mann, mit dem ich mich nach der Predigt unterhielt, sagte zu mir:»Ich muß Ihnen etwas sagen: Während Ihrer Predigt stand Jesus die ganze Zeit in einem hellen Licht hinter Ihnen auf der Kanzel.« Auf diese Weise hat sich der Herr noch des öfteren Menschen gezeigt, die eine Bestätigung brauchten, daß, obwohl ich eine

Frau war und sie mich nicht kannten, ich dennoch in seinem Dienst stand.

»Jesus sprach zu ihnen: Meine Speise ist es, den Willen dessen zu tun, der mich gesandt hat, und sein Werk zu Ende zu führen. Sagt ihr nicht: Noch vier Monate dauert es bis zur Ernte? Ich aber sage euch: Blickt umher und seht, daß die Felder weiß sind, reif zur Ernte.«

(Johannes 4,34-35)

Seine Krone
Charles Stilwell

Charles Stilwell und seine Frau Bobbie gründeten die Home Ministry Fellowship, Inc., in Pearce, Arizona.

Eines Abends, als ich bei Sonnenuntergang in der Kirche meditierte, erschien mir Jesus in einer Vision. Er konnte in mein Innerstes sehen. Seine Augen waren transparent, und ich wurde transparent vor ihm. Ich saß einige Zeit nur da und sog seine Liebe und seine Schönheit in mich auf. Dann sprach er zur mir.

»Charles«, sagte er, »sieh, was du mit meiner Krone machst.«

Ich hatte nicht einmal bemerkt, daß er eine Krone trug. Nun bemerkte ich, daß sich die Dornenkrone langsam auflöste und

Teile der Krone sich elegant um seine Schultern legten. Als er fortfuhr, lag eine gewisse Traurigkeit in seiner Stimme.

»Charles, ich bin wirklich für dich gestorben.« Plötzlich verschlangen sich die einzelnen Zweige ineinander, und der ursprüngliche Zustand der Dornenkrone war wiederhergestellt. Dann verschwand er.

Als ich so in der Stille der Kirche saß und über das nachdachte, was ich gerade gesehen hatte, verstand ich, daß ich seinen Tod am Kreuz, den er für mich und auch für meine Gemeinde gestorben war, völlig außer acht gelassen hatte. Ich hatte immer die Gemeinschaft mit Jesus betont, Gemeinschaft mit Jesus – das hörte sich gut an. Aber sie alleine brachte noch keine Erlösung. Er war bereit gewesen, für mich am Kreuz zu sterben, sein Blut für mich und jeden einzelnen meiner Herde zu vergießen.

Ich erkannte dann, daß er alle meine Sünden, meinen Schmerz, meine Verletzungen und Krankheiten auf sich genommen hatte, als er damals ans Kreuz genagelt worden war. Durch sein Blut hatte er mich erlöst, das Lösegeld für mich gezahlt und mich vom Feind Satan freigekauft. Er hatte das alles für MICH getan. Das war seine Gemeinschaft mit mir. Es ist jedoch unmöglich, mit ihm Gemeinschaft zu haben, wenn wir seine Vergebung und seine Errettung durch sein Blut und seinen Tod am Kreuz nicht annehmen.

Eine Religion ohne Jesu Tod am Kreuz bringt keine Erlösung. Da ich nicht glaubte, daß er *wirklich* für mich gestorben war, hatte ich Jesu Tod am Kreuz und die daraus resultierende Erlösung einfach unter den Tisch fallen lassen.

Diese Vision veränderte meinen Dienst. Ich predige jetzt von Errettung und völliger Erlösung für Geist, Seele und Leib.

»Denn vor allem habe ich euch überliefert, was auch ich empfangen habe: Christus ist für unsere Sünden

gestorben, gemäß der Schrift, und ist begraben worden. Er ist am dritten Tag auferweckt worden, gemäß
der Schrift.«

(1. Korinther 15,3-4)

Nachwort

Falls Ihnen diese Zeugnisse die Wirklichkeit des lebendigen und liebenden Herrn Jesus Christus nähergebracht haben und Sie ihn als Ihren persönlichen Herrn und Erretter annehmen möchten, dann sprechen Sie nun folgendes Gebet:

Allmächtiger und gnädiger Gott, ich danke Dir dafür, daß Du Deinen Sohn Jesus Christus gesandt hast, der für meine Sünden gestorben und auferstanden ist, damit ich für immer mit ihm leben kann. Ich bitte Dich, vergib mir meine Schuld, wie auch ich jedem vergeben will, der an mir schuldig geworden ist. Herr, ich möchte Christ werden. Bitte hilf Du mir dabei. Ich öffne Dir mein Herz und bitte Dich, darin einzuziehn und mein Leben lang darin wohnen zu bleiben. Ich möchte mein Leben für Dich leben und bitte Dich, mich von heute an Deinen Weg zu führen. Bitte schenke, daß Dein Heiliger Geist mir hilft, Dein Wort zu verstehen und mich immer mehr in Liebe zu Dir und meinen Mitmenschen hinzieht, damit dadurch Dein heiliger Name gerühmt werde. Danke, Jesus. Amen!

Wenn Sie dieses Gebet gesprochen haben und noch weitere Unterlagen wünschen, können Sie uns gerne an folgende Adresse schreiben:

Grace Lutheran Church, Attention: Pastor Nylander, 950 S. York Rd., USA – Bensenville, IL 60106-3230.

Literaturverzeichnis

»Seine ausgebreiteten Arme«:
Auszug aus »Appointment in Jerusalem« von Lydia Prince,
copyright © 1975 Derek and Lydia Prince,
verwendet mit Genehmigung von Chosen Books.

»Wohin du auch gehst«:
copyright © 1977 Marynell Kirkwood,
verwendet mit Genehmigung von Marynell Kirkwood.

»Auf dem Schlachtfeld«:
Auszug aus »Angels« von James Check,
verwendet mit Genehmigung von Osterbus Publishing House.

»Die Offenbarung«:
von Sadhu Sundar Singh
Auszug aus »Reverse Side of the Cross« von Rufus Moseley,
copyright © 1952 Macalester Park Publishing Company,
verwendet mit Genehmigung.

»Das große Licht«:
verwendet mit Genehmigung von Treena Kerr.

»Jake bittet den Mann herein«:
von J. S. Barnett,
verwendet mit Genehmigung von Pilgrim Tract Society.

»Das Vietnam-Wunder«:
aus Full Gospel Business Men's Voice,
verwendet mit Genehmigung.

»Auf Zerstörungskurs«:
copyright © 1968 *Voice of Deliverance,*
verwendet mit Genehmigung.

»Für Jesus ist nichts zu schwer«:
verwendet mit Genehmigung von Dr .J. T.Seamands, Home
Ministry Fellowship.

»Ein Stück Himmel«:
Auszug aus *»Caught Up into Paradise«,*
copyright © 1978 Richard E. Eby, D.O.,
verwendet mit Genehmigung von Fleming H. Revell Company.

»In der Gegenwart des Meisters«:
Auszug aus »Within Heaven's Gates« von Rebecca Springer,
copyright © 1984 Whitaker House,
verwendet mit Genehmigung.

»Die Tore des Himmels«:
Auszug aus »My Glimpse of Eternity«,
copyright © 1977 Betty Malz,
verwendet mit Genehmigung von Chosen Books.

»Die Felder sind weiß zur Ernte«:
verwendet mit Genehmigung von Lillian Wiley.

»Himmlische Heerscharen«:
Auszug aus »Heaven and the Angels« von H. A. Baker,
verwendet mit Genehmigung von Osterbus Publishing House.

York 10512,
verwendet mit Genehmigung von Guideposts Magazine.

»Kind Jesu«:
verwendet mit Genehmigung von Irma Foster.

»Jenseits von Afrika«:
verwendet mit Genehmigung von Clara Lewis.

»Die zwei Blicke:«
verwendet mit Genehmigug von Julius Massey.

»Warner Sallmans wundersames Bild«:
Auszug aus »The Miracle Picture«,
copyright © 1963 Christian Life Magazine,
verwendet mit Genehmigung.

»Keinen Mangel leiden«:
Auszug aus Full Gospel Business Men's Voice, Ausgabe Juli
1985,
verwendet mit Genehmigung.

»Mrs. Boese kann wieder sehen«:
copyright © 1965 Chicago Tribune Company,
verwendet mit Genehmigung,
alle Rechte vorbehalten.

»Jesus heilt«:
Auszug aus »The Healing Christ« von Genevieve Parkhurst,
copyright © 1964 Macalester Park Publishing Co.,
verwendet mit Genehmigung.

»Der Schatten des Todes«:
Auszug aus Translation Magazine,
copyright © 1971,

verwendet mit Genehmigung von Wycliffe Bible Translators, Inc.

»Eine seltsame Verwandlung«:
verwendet mit Genehmigung von Pastor C. Stilwell von Home Ministry Fellowship, Inc.

»Er möchte uns heilen«:
Auszug aus Full Gospel Business Men's Voice, verwendet mit Genehmigung.

»Die göttliche Berührung«:
Auszug aus »Miracle in the Mirror« von Mark Buntain, copyright © 1982 Bethany House Publishers, Minneapolis, Minnesota 55438.

»Die Nacht, in der ich Jesus sah«:
copyright © 1975 Zola Levitt, verwendet mit Genehmigung von Tyndale House Publishers.

»Meine erste Begegnung mit ihm«:
verwendet mit Genehmigung von Joe Pawlak.

»Reingewaschen«:
Auszug aus »How to Activate Miracles in Your Life and Ministry« von Burnie Davis, copyright © 1982 Harrison House, Inc., verwendet mit Genehmigung.

»Der Neubeginn«:
Auszug aus Full Gospel Business Men's Voice, Ausgabe Juni 1974, verwendet mit Genehmigung.

Weitere Titel aus dem Verlag C. M. Fliß:

Christine Hailes Perillo: **Leben unter dem Vulkan**
Best.-Nr. 326.830

Christine geht als junge Frau auf die Philippinen und arbeitet dort unter Gefangenen. Diese herausfordernde Tätigkeit hätte sie nicht tun können, wenn sie nicht mit dem Willen Gottes dort gewesen wäre. Lesen Sie diese spannende Autobiographie.

Chester & Lucile Huyssen: **Ich habe den Herrn gesehen**
Best.-Nr. 326.807

Dies ist eine Sammlung großartiger Berichte von unterschiedlichsten Menschen, die eine Begegnung mit dem lebendigen Gott hatten.

David Wilkerson: **Hungrig nach mehr von Jesus**
Best.-Nr. 326.991

Wenn Sie Sehnsucht danach haben, Christus besser kennenzulernen, dann sollten Sie dieses Buch lesen.

Dr. Charles S. Price: **Glaube ist Gnade**
Best.-Nr. 326.900

Glaube ist ein Gnadengeschenk Gottes. Wenn Sie dieses Buch lesen, öffnen sich Ihnen völlig neue Glaubensaspekte.

Bitte bestellen Sie bei:
Verlag C. M. Fliß, Postfach 61 04 70, 22424 Hamburg
Tel. 0 40 / 58 64 92, Fax 0 40 / 58 37 04
E-Mail: Bestellservice@cmf-verlag.de
Besuchen Sie uns auch im Internet: www.cmf-verlag.de